왜 지금 공생인가?
공존과 상

머리말

공생에서 희망을 찾다

국민이 아픕니다.

청년은 청년대로, 중년은 중년대로, 또 노년 세대도 모두 힘들고 고통스럽습니다.
아무리 전 세계가 함께 어려움을 겪는 이른바 '뉴 노멀'의 시대라고 스스로를 위로하려 해도, 우리 국민이 느끼는 자괴감과 박탈감은 이제 인내의 범위를 넘어섰습니다.

시장 직을 사퇴하고 벌써 5년여!
선진국과 개도국을 넘나들면서, 또 가르치고 배우면서 끊임없이 생각하고 고민해 왔습니다.
국민적 자부심으로 가득한, 성숙한 선진국으로 가기 위해서 우리는 지금 무엇을 해야 할까요?

공존과 상생의 나라!

경쟁에서 공존으로 우리 사회의 패러다임을 전환해서 새로운 동력을 만들어 보자는 생각입니다.

우리는 경쟁에 강합니다. 경쟁이 만들어낸 그 억척스러운 경쟁력으로 오늘날의 이 위대한 대한민국을 만들었지만, 그 과정에서 뒤처지고 마음에 상처를 입은 많은 국민들이 위대한 성취를 부끄러워하게 되었습니다. 선진국 진입 달성에 자부심을 느끼며 더욱 힘내서 뛰어야 할 젊은이들의 축 쳐진 어깨를 바라보며, 이들을 다시 신바람 나게 해줄 의무와 책임이 우리 세대에게 있다는 생각이 듭니다. 국부를 증진시키면서도 빈부격차는 줄여서, 그들에게 희망을 보여주고 싶습니다.

이 책은 그런 생각을 정리한 것입니다. 작년 1년간 전국을 돌며 청년들과 대화하고, 기성세대와 이마를 맞대고 치열하게 토론했습니다. 그분들께 제 정리된 생각을 전하며 좀 더 숙성시켜 보았습니다.

이 책은 어찌 보면 작년에 아프리카를 다녀와 출간했던 '오세훈, 길을 떠나 다시 배우다(르완다 편)'의 속편 내지는 자매 편이라고 볼 수도 있겠습니다. 도처에 그 정신이 흐르고 있다고나 할까요.

최근 '공·생 연구소'를 마련하여 '어떻게 하면 몇 명만 앞서 가는 사회를 다 함께 뛸 수 있는 사회로 만들 것인가'를 더욱 깊이 있게 고민하고 있습니다.

이제 그 고민의 두 번째 결실을 여러분께 내놓고 더 좋은 제안과 아이디어를 구하고자 합니다.

계속 정진하겠습니다.

2016. 9.

'공·생 연구소'에서

> **감사의 인사를 전합니다.**
> 어려운 출판시장 환경에서 개헌편에 이어 공생편까지 흔쾌히 출간을 해주신 이돈환 대표님, 표지 캐리커처를 맡아준 김홍록 아티스트 작가, 자료를 정리해 준 공생연구소의 김철현, 김우영, 이광석, 강현준 연구원과 원고 교정을 맡아 준 김미라, 임성은 교수에게 지면을 빌어 감사의 인사를 전합니다.

❙ 목 차 ❙

머리말 - 공생에서 희망을 찾다 ──────────────── 02

1. '한강의 기적'으로 얻은 것과 잃은 것 ──────────── 06
   - 경쟁에는 강했지만, 배려는 부족했다

2. 어떻게 돕는 것이 잘 돕는 것인가? ───────────── 39
   가. 국제원조, 한국이 하면 다르다 : 한국형 지식공유프로그램 ─── 39
   나. 우리 안에 잠들어 있는 나눔의 정신을 깨우다 ────────── 65

3. 공생의 정신, 어떻게 구현할 것인가? ──────────── 76
   가. 지속가능한 복지가 착한 복지다 ─────────────── 77
   나. 사회적 자본은 공생의 알파요, 오메가다! ──────────── 100
      1) 가진 자의 양보와 희생 ─────────────────── 106
         ● 재벌, 존경받을 수 있다
         ● 노조, 사랑받을 수 있다
      2) 신뢰와 투명성 ────────────────────── 126
      3) 기회의 균등 ─────────────────────── 136

4. 문화의 힘으로 새로운 도약을 ─────────────── 141

맺음말 - 성장에서 성숙으로, 수치에서 가치로 ─────────── 162

1. '한강의 기적'으로 얻은 것과 잃은 것
- 경쟁에는 강했지만, 배려는 부족했다

모든 세대가 우울하다.

우선 청년들의 비명소리가 가장 크다.

5포 세대, 7포 세대라는 말이 이젠 전혀 새롭지 않다.

취업도, 연애와 결혼도, 내 집 마련도, 아이를 낳고 키우는 것도 모두 여의치 않다.

청년실업률은 지난 2월 12.5%로 사상 최고치를 기록한 뒤 계속 10%대를 유지하고 있다.

청년실업은 일부 청년만의 문제가 아니다. 미래 한국의 희망을 앗아갈 수도 있는 심각한 문제다.

중년의 가장들도 버겁기는 마찬가지다.

사교육비와 주거비로 월수입의 상당 부분을 지출하

고 나면 생활비도 빠듯한 형편이니 노후대비는 사치스럽게 느껴진다.

또한 이들은 부모를 모시는 마지막 세대이자 자녀들의 부양을 받을 수 없는 첫 세대가 될지도 모른다.

노후에 자녀들에게 손 벌리지 않고 손자 손녀들에게 용돈이라도 주려면 부부가 부지런히 벌어야 한다.

노년의 삶은 더욱 피폐하다.

퇴직 후 안락한 노후 생활은커녕 빚에 쫓기다 파산에 이르는 '노후 파산'도 심각한 상황이다. 올해 1-2월 중 법원이 파산 선고를 내린 1,727명 중 426명(24.8%)이 60대 이상이다(서울중앙지법 자료).

한국의 65세 이상 노인 빈곤율은 49.6%로 OECD 회원국 중 1위다(2012년). OECD 평균 12.6%의 4배에 육박한다.

젊은 사람들은 빚을 져도 그나마 근로 능력이 있으니 회생할 수 있다.

그러나 어르신들은 다시 재기하기도 어렵다.

노인의 28.9%가 생계를 위해 일하고 있지만 3명 중 1명은 단순노무직이다. 일을 해도 소득이 별로 높지 않다는 얘기다.

자식 키우고 시집장가 보낼 때, 노후는 생각하지 않고 모든 것을 내어준 어르신들은 극도의 가난과 외로움에 시달릴 수밖에 없다.

우리나라 노인 1,000명 중 70.7명이 자살 충동을 느끼고, 13.1명은 실제 자살을 시도하기도 한다(분당서울대병원 김기웅 교수팀 조사).

우리나라 70세 이상 노인 자살률은 10만 명당 116.2명, 일본이나 미국과 비교해 압도적인 수치다(WHO, 2014년 발표).

특히 나이가 많아질수록 자살률이 높게 나타난다.

70대 이상 자살자가 20~30대 자살자보다 5배나 많다.

경제적 어려움과 지독한 외로움 때문에 스스로 생을

포기하는 것이다.

이렇게 빈부의 격차가 큰 상태에서 상대적 박탈감을 덜 느끼려면 미래에 대한 희망을 가질 수 있어야 한다.

열심히 노력하면 10년 후, 30년 후 혹은 다음 세대에라도 나아질 것이라는 확신을 가질 수 있어야 하는데, 갈수록 중산층이 무너지면서 좌절이 큰 것이다.

이것이 대한민국 모든 세대의 현주소다.

우리는 6.25 이후 60여 년간 숨 가쁘게 뛰어왔다.

2016년 현재 GDP 순위 세계 11위, 외환보유고 7위, 군사력 10-11위, 외국인 관광객 방문 수 20위, 학업성취도 평가 3-5위, 고등교육 이수율은 1위로 전 세계에서 가장 높다.

GDP 대비 R&D 투자비도 1위다.

국제특허 출원 수를 보면 각 나라의 기술력을 알 수 있는데 5위 정도 된다. 매년 조사하는 종합혁신지수도 1위로 나온다.

◇ 우리나라의 상위 성적

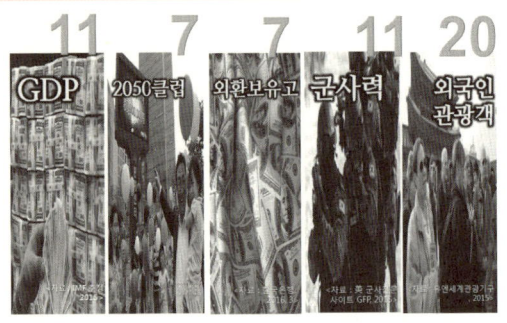

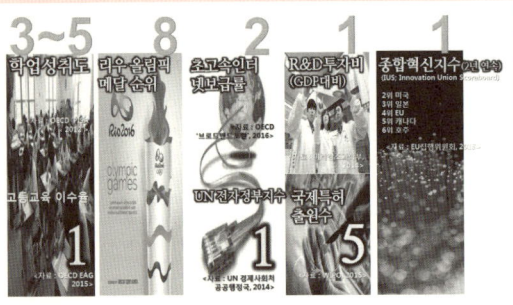

○ **GDP 11위** : 일정 기간 동안 한 나라 경제가 생산한 모든 최종 재화와 서비스의 시장가치를 뜻하며 우리나라는 세계 11위다.

○ **외환보유고 7위** : 2016년 2월 말 기준 우리나라 외환보유액 규모는 세계 7위. 국제 경제흐름에 따라 6·7위를 오르내리고 있다.

○ **군사력 11위** : GFP(Global Firepower)가 각국의 인구와 육·해·공 군력, 천연자원, 경제력, 국방예산 등 50개 이상의 항목을 종합해 발표한 2016년 세계 126개국 군사력 비교 결과 11위(2016.4 기준)

○ **2050클럽 7번째 가입**: 국민소득 2만 달러, 인구 5천만 명 이상의 강국을 의미. 2012년 6월 세계 7번째로 이 대열에 안착했다. 미국, 영국, 프랑스, 독일, 이탈리아, 일본 등이 이 클럽에 가입했는데, 우리와 다른 점은 전부 과거 식민지를 가지고 있던 나라다. 우리나라는 남의 영토를 뺏은 적이 한 번도 없다.

○ **파리클럽(Paris Club) 가입**: 공적 채권의 채무재조정 방안을 논의하는 20개 선진 채권국들의 비공식 협의체. 한국이 국제 채권국 모임인 파리클럽에 가입함에 따라 신흥국 디폴트(채무불이행) 리스크에 대비한 안전판을 확보. (2016.7.1)

○ **외국인 관광객 수 20위**: 유엔 세계관광기구(UNWTO), 한국을 방문한 외국인 관광객 수 전 세계 20위(2015.5 발표)

○ **학업성취도 5위**: PISA(국제학업성취도 평가), OECD가 세계 각국 만 15세 학생의 읽기(언어), 과학, 수학, 문제해결력을 측정하는 시험으로 한국은 매년 5위권을 유지하고 있다.

○ **고등교육 이수율 1위**: 7년째 OECD 국가 중 1위 기록(「2015년 OECD 교육지표」, OECD, 2015.11). 고등학교 졸업생의 70% 정도가 대학에 진학하는 나라는 거의 찾아보기 어렵다.

○ **2012년 런던 올림픽 금메달 순위 5위. 2016년 리우 올림픽은 8위**. 참으로 인내심과 경쟁심에서 타민족과 비교하기 어렵다.

○ **초고속 인터넷 보급률 2위**: OECD 국가 중 초고속 인터넷 보급률 2위(미국 시장조사 포털 스태티스타(statista) 자료, 2016년 미국 인터넷신문 비즈니스 인사이더 보도)

○ **UN 전자정부지수 1위**: 2008년부터 2년마다 이루어지는 UN 전자정부 평가 3회 연속 1위(UN 경제사회처 공공행정국, 2014)

○ **R&D 투자비(GDP대비) 1위**: GDP 대비 R&D 투자비중. 한국

이 4.29%로 세계 1위(「우리나라 과학기술 주요 지표 한눈에 보기」, 미래창조과학부, 2016). 그러나 과연 실효성 있는 투자가 이루어지고 있는지에 대해서는 많은 비판이 있다.

○ **국제특허 출원수 5위** : PCT(특허협력조약)을 이용한 국제 특허출원 5위 (특허청 '세계지식재산권기구(WIPO) 자료 분석', 2015). 기술력이 결국 국력의 바탕이라는 측면에서는 상당히 의미 있는 순위이나, 우리 특허제도에는 아직 개선해야 할 점이 적지 않다.

○ **종합혁신지수(IUS) 1위** : 종합혁신지수는 EU회원국과 주요 국가 간의 혁신성과를 평가 및 비교하기 위한 지표로 2001년부터 EU에서 발표하고 있다. 2015년 평가에서 한국은 1.0만점에 0.759점으로 전세계 1위(2년 연속 1위) (유럽연합(EU)집행위원회, 「2015년 종합혁신지수」, 2015). 미국(0.746점), 일본(0.702점), EU(0.613점)이 뒤를 잇고 있다.

2015년 종합혁신지수에 따르면 우리나라는 고등교육, 특허출원율, 비즈니스 연구개발(R&D) 등에서 좋은 평가를 받은 반면, 특허·라이센스 수익, 지식집약서비스 수출 등은 약세로 나타났다.

이런 순위와 수치들만 보면 분명 위대한 대한민국이요 인류 역사상 단기간에 엄청난 발전을 이루어낸 민족인데, 이 자랑스러운 대한민국의 국민들은 왜 이리 힘들고 어렵고 불행한 것일까?

한마디로 나라는 부강해졌는데, 국민은 엄청난 경쟁에 내몰리며 뛰고 또 뛰어야만 겨우 먹고 살 수 있는 이유는 무엇인가? 행복도 측정을 하면 늘 하위권에 머무는 이유는 무엇인가?

그 이유를 알고 싶다면 위대하고 자랑스러운 수치들과 열악하고 뒤처진 수치들 즉, 밝은 면과 어두운 면 각각의 공통점을 추출해 볼 필요가 있다.

지금부터는 서글프고 가슴 아픈 우리의 자화상을 몇 가지 보겠다.

유엔 지속가능발전해법네트워크(SDSN)이 매년 '국민행복도'를 발표(2016년)하는데 우리나라는 158개국 중 58위다.

'당신은 지금 행복하십니까?' 같은 주관적인 행복도를 측정하는 것이 아니다. 이렇게 물어보면 네팔, 방글라데시 등의 국가 순위가 높게 나올 것이다.

행복은 절대적 평가도 힘들지만 또 행복이라는 감정

을 정확히 수치화하는 것도 어렵다. 하지만 일정한 평가 기준을 설정하고 개별 국가를 대상으로 상대적 우위를 비교해 볼 수는 있을 것이다.

유엔 지속가능발전해법네트워크(SDSN)은 UN의 자문기구다. SDSN은 행복도를 평가하는데 있어서 1인당 GDP, 사회적 연대, 기대수명, 자기 삶에 대한 선택의 자유, 부패로부터의 자유, 관용 등 8가지 변수를 사용하고 있다.

예를 들면 "만약 당신이 어려움에 처했을 때, 언제든 도움받을 수 있는 친척이나 친구가 있나요?", "당신은 당신의 삶을 어떻게 살아갈지에 대한 결정의 자유에 만족하시나요?", "지난달 기부를 한 적이 있나요?" 등이다.

> ○ 삶의 질 28위
> - OECD '2016년 더 나은 삶 지수'(Better Life Index)' 38개국 중 28위를 차지. 한국의 삶의 질 지수는 2012년 24위, 2014년 25위 등 계속해서 하락하는 추세에 있다.

- OECD는 경제성장률만으로 한 사회를 제대로 평가할 수 없다는 이유로 2011년부터 매년 5월 삶의 질 지수를 발표하고 있다.

- 전반적인 삶의 만족도는 5.8점으로 31위를 기록했다. 국가별로 노르웨이, 호주, 덴마크, 스위스, 캐나다가 상위 1-5위를 차지했다.

- 한국은 직업·공동체·교육·환경·시민참여·건강·삶의 만족·안전·일과 삶의 균형 등 전체 11개 항목 중 9개에서 지난해보다 순위가 떨어졌다.

- 특히 이번 조사에서 한국은 환경부문 37위로, 지난해 30위에서 7계단 떨어진 순위다. 평균 초미세먼지 농도로 측정하는 '대기오염'지표 순위가 빠르게 오른 점이 그 이유라고 볼 수 있다.

- 한국의 초미세먼지 농도는 29.1μg/㎥로 OECD평균(14.5μg/㎥)의 2배에 달했다. 한국의 초미세먼지 농도는 2013년 5위, 2014~2015년 4위에서 올해 1위로 올라섰다.

- 한국은 '일과 삶의 균형' 항목에서 터키·멕시코에 이어 36위를 기록, 주 50시간 이상 일한 임금근로자의 비율도 23.12%로 터키·멕시코에 이어 3번째로 많다.

- 건강에 대한 지표도 나쁜 편인데, '전반적으로 건강상태에 대한 의견'에 '좋다'라고 답한 사람은 35.1%에 그쳐 OECD 국가 중 꼴찌를 차지했다.

- 공동체의 결속도 매우 약하다. "어려움에 처했을 때 도움을 요청할 수 있는 친척, 친구 또는 이웃이 있다"라고 응답한 사람의 비율은 75.8%로 멕시코 다음으로 낮았다.

- 한국의 안전지표도 지난해 6위에서 21위로 15계단 떨어졌다. '

밤거리를 혼자 걸을 때 안전하다고 응답한 비율'이나 살인율(10만 명당 경찰에 신고 된 피살자 수)은 중위권을 차지했지만 성별 간 격차 순위가 큰 폭으로 낮아졌다.

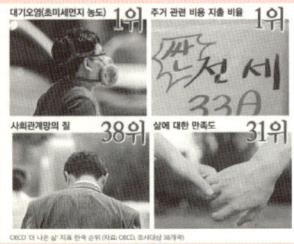

* 출처 : 경향신문 2016.6.5 「환경·주거·공동체 'OECD최악'…2016 '더 나은 삶의 지수'」

* 출처 : 연합뉴스 2016.6.5 「OECD '2016년 더 나은 삶 지수'」

이 기준에 의한 우리의 행복도는 최근 몇 년간 계속 50위 수준이다. 경제력에 비해 국민들의 행복도가 훨씬 뒤처져 있다.

사람들은 생리적인 욕구나 안전의 욕구 등 일차적인 것이 충족되고 나면 주위 사람들로부터 애정과 존경을 받고 싶은 욕구를 느끼게 된다. 결국 타인을 돕고 배려하는 것에서 보람과 자존감을 느끼는 것처럼, 자아실현을 통해 행복감이 극대화되는 것이다.

> **○ 국민행복도 58위**
>
> - 유엔 지속가능발전해법네트워크(SDSN)가 매년 세계 행복지수를 조사, 우리나라 5.835점으로 157개국 중 58위, UN「세계행복보고서, 2016」
>
> - 세계 150개국을 대상으로 실시한 갤럽 '삶의 평가' 자료를 기반으로 1인당 GDP, 사회적 연대, 기대수명, 자기 삶에 대한 선택의 자유, 부패에 관한 인식, 관대함, 긍정적·부정적 영향, Dystopia 등 8가지 지표를 사용하여 평가한다.
>
> • 사회적 연대 : "만약 당신이 어려움에 처했을 때, 언제든 도움받을 수 있는 친척이나 친구가 있나요?"
>
> • 선택의 자유 : "당신은 당신의 삶을 어떻게 살아갈지에 대한 결정의 자유에 만족하시나요?"
>
> • 관대함 : "지난달 기부를 한 적이 있나요?"
>
> • 부패에 관한 인식 : "정부에 부패가 광범위하게 퍼져 있나

요?", "비즈니스에 부패가 광범위하게 퍼져 있나요?"
- 부정적·긍정적 영향 : "어제 얼마나 웃었나요?", "얼마나 즐거웠나요?", "얼마나 슬펐나요?" 등
- 세계에서 가장 행복한 나라 1위는 덴마크, 2위는 스위스, 3위는 아이슬란드로 나왔다.

또 다른 수치를 보자.

미국 여론조사기관인 갤럽에서 긍정경험지수를 조사했다.

'어제 충분한 휴식을 취했다고 느꼈는가?', '어제 하루 종일 존중심으로 대우받았는가?', '어제 하루 동안 많이 미소 짓고 많이 웃었는가?', '어제 흥미로운 일을 배우거나 하였는가?', '어제 많은 시간 동안 즐거움과 기쁨을 경험했는가?' 등과 같은 5가지 질문을 했더니 우리나라는 100점 만점에 59점, 143개국 중 118위를 차지했다. 매우 저조한 성적이다.

이 조사에서도 국가의 경제력이 반드시 국민의 행복

감과 일치하는 것은 아니라는 것을 알 수 있다.

> ◇ **우리나라의 하위 성적**
>
> ○ **민주주의 지수 22위** : 英 이코노미스트 산하 '이코노미스트 인텔리전스 유닛'(EIU), '2015 민주주의 지수' 167개국 중 22위 기록. 10점 만점에 7.97점
>
> ○ **연간 노동시간 2위** : OECD '1인당 평균 실제 연간 노동 시간'(2015년 발표), 2014년 취업자(시간제 근로자 포함)의 1인 평균 노동시간은 2,124시간으로 34개국 중 2위 차지. 1위는 멕시코(2,228시간)
>
> ○ **연간 자살자 수 1위** : 경제협력개발기구(OECD) '건강 통계 2015(Health Data 2015)'에 따르면 2012년 기준 대한민국의 자살 사망률은 인구 10만 명당 29.1명을 기록, OECD 회원국 가운데 1위를 기록
>
> ○ **청년실업률** : 「2016 청소년 통계」(통계청·여성가족부)에 따르면 2015년 15~29세 청년층의 실업자는 39만7천 명으로 2014년에 비해 3.2% 증가하였으며, 실업률은 9.2%로 0.2%p 증가했음. 청년층의 실업률은 2009년 이후 감소세를 보이다가 최근 3년간 다시 증가하여 2015년에 2000년 이래로 가장 높은 수준을 보임.
>
> ○ **노인자살자 수 1위** : OECD 회원국 중 한국은 노인 자살률이 인구 10만 명당 81.9명으로 1위를 차지. 65세 이상 노인층의 상대적 빈곤율도 49.6%로 OECD 회원국 평균(12.6%)을 크게 웃돌고 있음.
>
> ○ **노사협력 순위 144개국 중 132위** : 전경련 세계경제포럼(WEF) '국가경쟁력 평가' 세부 항목 중 '노사 간 협력' 132위(2016.5 발표)
>
> ○ **남녀평등지수 115위** : 세계경제포럼(WEF) '세계 성 격차 보

고서 2015' 한국의 성 평등지수 0.651로 145개국 중 115위(2015년)

○ **저출산 166위** : 국가통계포털(KOSIS), 가임여성 1명당 1.26명 출산, 169개국 중 166위(세계 속의 대한민국, 한국무역연구원, 2015).

○ **고령화 속도 1위** : 美 통계국「늙어가는 세계:2015」에서 한국의 고령화 속도가 세계에서 가장 빠름. 노인 비중이 7%→21% 증가하는 기간이 한국은 27년 소요. 중국(34년), 태국(35년), 일본(37년). 한국의 급속한 고령화는 저조한 출산율에 기인한 것으로 분석.

경제력이 큰 국가라 하더라도 소득 분배 구조와 사회적 지원이 취약할 경우 경제력과 행복지수 간 간극이 생긴다.

○ 긍정경험지수 118위

- 美 갤럽, 143개국 각 나라에서 15살 이상 주민 1,000명을 대상으로 전화나 대면 인터뷰로 조사한 결과 한국인의 긍정적 경험지수는 100점 만점에 59점으로 143개국 중 118위(2015년).

- <긍정경험 척도>를 위한 5가지 항목

· 어제 충분한 휴식을 취했다고 느꼈는가?

· 어제 하루 종일 존중심으로 대우받았는가?

· 어제 하루 동안 많이 미소 짓고 많이 웃었는가?

· 어제 흥미로운 일을 배우는 새로운 기회를 가졌는가?

· 어제 많은 시간동안 즐거움과 기쁨을 경험했는가?

- 갤럽은 로버트 케네디의 'GNP, 즉 국민총생산으로는 우리 아이들의 건강을 측정할 수도 없고, 교육의 질을 측정할 수도 없고, 노는 즐거움조차 측정할 수 없는 것은 물론 우리의 용기와 지혜 또한 측정할 수 없다'를 인용하면서, GNP로는 알아볼 수 없는 것들을 살펴보기 위해 긍정경험지수를 측정했다고 밝히고 있다.

* 출처 : 美 갤럽 '긍정경험지수' 관련 사이트

연간 노동시간은 우리가 몇 등인가? 1등인 멕시코에 이어 전 세계 2등이다.

연간 자살자 수 부동의 1위, 노인자살자 수도 1위.

저출산 고령화 문제는 너무도 심각한 상황이다.

빈부격차지수를 살펴보자.

보통 전문가들은 지니(Gini)계수라고 하는데, 2014년 기준으로 0.331이다. 0.4 정도가 되면 빈부격차가 매우 심한 것이라고 하니, 우리나라의 양극화가 얼마나 심한지 짐작할 수 있다.

> **○ 빈부격차 지수(지니 지수)**
>
> 전문가들은 빈부격차지수를 지니계수라고 표현한다.
>
> 2014년 기준으로 0.331이다. 보통 0.4 정도면 빈부격차가 매우 심각한 것으로 본다.
>
> 0.6 정도면 폭동이 일어날 정도라고 하니 우리 사회의 양극화가 얼마나 심각한 것인가 가늠할 수 있다
>
> **항목별 지니계수 추이**
> 지니계수는 0에 가까울수록 소득분배의 불평등 정도가 낮고 1에 가까울수록 불평등이 심각함
> ■시장소득 ■가처분소득 ■소비지출 ■가계지출
>
> | 연도 | 시장소득 | 가처분소득 | 소비지출 | 가계지출 |
> |---|---|---|---|---|
> | 2010 | 0.332 | 0.298 | 0.274 | 0.256 |
> | 2011 | 0.331 | 0.297 | 0.263 | 0.246 |
> | 2012 | 0.329 | 0.296 | 0.267 | 0.249 |
> | 2013 | 0.328 | 0.294 | 0.271 | 0.254 |
> | 2014년 | 0.331 | 0.294 | 0.278 | 0.262 |
>
> 자료: 한국보건사회연구원
>
> * 출처 : 세계일보 2015.12.8「작년 지니계수 악화…빈부격차 커졌다」

다음의 수치를 보면 보다 분명해진다.

우리나라 전체 국부 중 몇 %를 상위 10%의 국민이 가

지고 있을까?

OECD가 우리나라를 평가했을 때는 통계청 자료를 사용했는데, 약 50% 정도 가지고 있을 것으로 보았다. 그러나 통계청 자료는 최고 소득계층의 자산·소득이 누락됐을 가능성이 높다. 또 금융 자산의 절반 정도가 빠졌을 가능성이 높다.

그래서 국내 한 경제학자가 상속세 자료를 분석해본 결과, 자산 상위 10%가 전체 자산의 66.4%를 보유하고 있다는 것이다(2013년).

이 수치는 유럽 국가들과 비교하면 빈부격차가 큰 것이고, 영미보다는 덜한 편이다. 미국과 영국은 신자유주의 시장질서가 강한 나라다.

우리나라도 이제 위험한 수준으로 가고 있다고 보면 된다.

상위 10%가 되려면 재산이 얼마나 있어야 할까? 금융 자산과 부동산을 합해서 2억 2천만 원(공시지가 기준)

정도 있으면 10%안에 든다.

그러면 상위 1%에 들어가려면 재산을 얼마나 보유해야 할까? 공시지가 기준으로 9억 9천만 원, 실매매가 기준으로 13억 원 정도면 상위 1% 내에 들어간다. (강남에 있는 오래된 아파트 30평형 한 채 값이 10억 원을 넘는 것과 비교하면 쉽게 이해된다)

그럼에도 우리 국민 대부분은 상대적 박탈감에 빠져 있다. '나는 가난해!', '내 주변 모두가 나보다 부자야', '더 많이 벌어야 해'라고 되뇌며 더 많이 벌기 위해 뛰어다닌다.

> **○ 소득 격차**
> - 2010년 근로자 상위 1%의 평균소득은 1억8,795만 원이고, 1억2,046원 이상 받으면 상위 1% 안에 포함된다. 이들이 전체 소득에서 차지하는 비율은 7.4%이다.
> - 2012년 상위 10%의 소득집중도는 44.9%로 전 세계 주요국 중 미국(47.8%) 다음으로 높은 수준이다.
> - 1990년대까지는 불평등도가 비교적 낮았지만, 외환위기 이후 소득 불평등도가 급속히 심화되었다.

- 또한 1990년대 중반 이후 전체 소득(근로소득 이외 사업소득과 재산소득의 합계)의 불평등이 근로소득 불평등보다 약간 빨리 확대되었다. 이것은 근로소득보다 그 이외의 소득에서 불평등이 좀 더 심화되었다는 의미다.

- 1990년대 중엽 이후 소득집중도가 크게 높아진 것은 근로자 하위 90%의 소득은 정체된 반면, 상위 10% 그중에서도 최상위로 갈수록 근로소득이 빠르게 상승했기 때문이다.

- 즉, 외환위기 이후 우리나라 경제성장의 성과가 대부분 상위 10% 소득층에게 집중적으로 배분됐음을 의미한다.

* 출처 : 김낙년, 2012. 연합뉴스 2016.9.4

○ 자산 격차

- 상속세를 분석한 결과, 자산 상위 10%가 전체 자산의 66.4%를 보유하고 있다(2013년 기준). 이들 평균 자산은 6억 2400만 원이다. 자산이 2억 2400만 원이 넘으면 상위 10% 안에 들어간다.

- 상위 1%의 자산은 전체 자산의 26%를 차지한다. 이 수치는 2000~2007년의 24.2%보다 높다.

- 반면, 하위 50%가 차지하는 자산 비중은 2000~2007년 2.3%에서 2010~2013년 1.7%로 줄었다. 결국 불평등이 심화됐다는 의미다.

- 상위 1%의 평균 자산은 24억 3,700만 원이고, 자산이 9억 9,100만 원 이상이면 상위 1% 안에 들어간다. (부동산의 경우 공시가격 기준으로 계산한다. 시가로 바꿀 경우 자산이 13억 원이 넘으면 상위 1%에 포함된다고 볼 수 있다)

- 외국과 비교했을 때, 상위 10%의 부가 집중된 정도는 우리나라가 영미권 국가보다 낮지만, 프랑스 등 유럽국가에 비해서는 다소 높은 편이다.

- 상위 10%가 차지한 부의 비중이 한국은 2013년 기준으로 66%이지만 프랑스는 2010~2012년 평균 62.4% 수준이다. 같은 기간 미국과 영국은 각각 76.3%, 70.5%로 나타났다.

- 한편, 경제협력개발기구(OECD)에 따르면 한국은 전체 가구의 상위 10%가 부의 절반을 보유하고 있다(2013년). 이 자료는 통계청의 '가계금융복지조사'에 근거한 조사이다. 최고 소득층의 자산·소득이 누락되고 금융 자산의 절반이 빠지는 등 고소득층 자산이 과소 파악될 가능성이 있다.

* 출처 : 김낙년, 2015

○ KB금융 경영연구소, '2016 한국부자보고서'

- 금융자산 10억원 이상 가진 부자가 21만 1천명으로, 전년도에 비해 15.9% 증가했다. 이들 중 절반 이상이 서울과 경기지역에 거주한다.

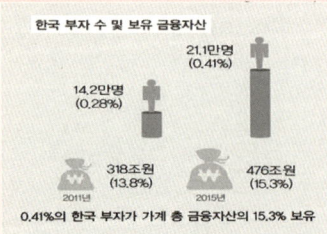

* 출처 : 연합뉴스 2016.7.6 「금융자산 10억이상 부자 21.1만명…1년새 15.9% 늘어」

지금까지 여러 각도에서 대한민국의 국력과 우리 국민 개개인이 느끼는 경제력, 행복도의 현주소를 파악해 보았다. 자랑스러운 면과 부족한 면을 한자리에서 일목요연하게 비교해 보니 어떤 느낌이 드는가?

앞의 10가지 위대한 대한민국의 면모와 뒤의 10가지 안타까운 대한민국의 실상을 대비하며, 각각의 공통점을 추출해 보면 어떻게 정리할 수 있을까?

국가 차원에서는 50년 전에 비해서 엄청나게 부강해졌는데, 평균적이고 평범한 국민 개개인은 상당한 상대적 박탈감을 느낄 수밖에 없는 답답한 현실!

이 현실을 타개하기 위해서 우리는 위 20가지 수치와 순위의 의미를 깊숙이 들여다보며, 우리가 성취한 것과 아직 갈 길이 먼 것들의 공통점을 찾아내야만 한다.

무엇일까?

혹시 이렇게 정리하면 어떨까?

앞의 10가지 위대한 수치, 순위의 성취 뒤에는 치열한 경쟁이 낳은 '경쟁력'이, 뒤의 10가지 부끄러운 모습 뒤에는 그 경쟁의 와중에 우리가 잃어버린, 그러나 더 할 수 없이 소중한 '공존과 상생의 가치'가 있다고!

모든 성공의 밑바탕에는 경쟁력이 있다. 경쟁력은 경쟁으로부터 나온다. 이 경쟁력 배양 전략은 우리가 산업화시대 선진국들로부터 배운 압축성장의 비결이었다.

○ 영국 프리미어리그 시스템

- 영국 프리미어 리그는 20개 소속 클럽이 클럽 당 38개 경기를 치르는, 전 세계인으로부터 가장 사랑받는 프로축구경기다.

- 매년 클럽끼리 홈앤드어웨이(home and away)방식으로 시합을 해서 승리하는 팀은 3점, 비기는 팀은 1점, 지는 팀은 0점을 주어 총점이 가장 높은 클럽이 우승하는 형식인데, 관중 수입이 우리 돈 수조 원(2014-15시즌 48억 달러)에 이른다. 이번 브렉시트로 EU출신 등 외국선수들이 빠져나갈 수도 있어 인기의 판도가 달라질 수도 있지만, 현재로서는 독일의 분데스리가(26억 달러), 스페인의 프리메라리가(21억 달러)를 합한 것보다도 많은 금액이다. 지난 시즌 TV중계료만 25억 달러를 벌었다.

- 과거 우리는 차범근 선수가 뛰었던 독일의 분데스리가를 주로 보았지만, 언제부턴가 전 세계가 영국의 프리미어리그에 열광하기 시작했다. 이 열광적 환호의 이유가 무엇인지 생각해 본 적이 있는가? 이 리그에 속한 모든 클럽이 최선을 다해 전

> 세계로부터 최고의 선수들을 수입해 올 수 있도록 만든 비결이 무엇일까?
>
> - 정규 시즌이 끝나면 1부 리그에서 최하위 3개 클럽이 2부 리그로 떨어지는 대신 2부 리그의 상위 2개 클럽이 1부 리그로 올라가는 리그 재편성의 기회가 주어진다. 1부도 2부도 참으로 피를 말리는 승부의 세계이다. 그런데, 1부로 올라가는 나머지 1개 팀도 3위가 올라가는 것이 아니다. 3·4·5·6위 4개 클럽 중 플레이오프를 거친 최종 승자가 올라간다. 왜 이렇게 2중·3중의 치열한 승부를 거치도록 해놓았을까?

영국 프리미어리그가 세계 최고의 리그로 발돋움한 비결은 이러한 엄청난 경쟁에서 살아남기 위해서 전 세계를 대상으로 실력 있는 선수들을 스카우트하는데 자금을 아끼지 않도록 유도하는 시스템에 있다.

박지성 선수부터 손흥민 선수까지 우리 축구스타들이 자랑스럽게 뛰어온 프리미어리그의 전 세계적 흥행 성공에는 '경쟁을 통한 경쟁력 향상'이라는 평범한 기업운영의 원리를 철저하고 지독하게 적용한 경영기법이 숨어있었던 것이다.

○ 세계 최고의 정부 경쟁력 갖춘 '싱가포르'

- 저자가 KOICA 국제자문단의 일원으로 6개월간 체류하며 자문 봉사활동을 했던 아프리카의 르완다는 폴 카가메 대통령의 열정이 가득한 리더십이 돋보이는 나라다. 1인당 국민소득 1,000달러 언저리의 이 빈곤국은 하루빨리 선진국의 경제발전 성공 모델을 벤치마킹하기 위해 최선을 다한다.

- 그중에서도 단기간에 급속한 성장을 이룬 한국과 싱가포르의 모델을 부러워하는데, 아쉽게도 내심 싱가포르 공무원 시스템을 더 높이 평가하는 것으로 보인다.

- 싱가포르는 공무원제도를 매우 엄격하게 운영하고 있다. 성적과 면접을 통해 100% 개방형으로 선발하고 경력을 매우 철저하게 관리한다. 실적에 따른 연봉제를 바탕으로 능력이 출중한 상위 20% 공무원은 매우 높은 연봉을 받는 반면, 무능하고 실력 없는 하위 10% 공무원들은 매년 퇴출된다.

- 내 경험에 의하면 이 시스템은 살인적인 경쟁을 불러오는 결과를 가져온다. 서울시장 시절 '현장시정추진단'이라는 이름으로 매년 불성실한 공무원 하위 3%를 추방하는 합리적 인사쇄신책을 펼친 적이 있다. 그런데 예상 밖으로 실력이 좋아서 상위권에 속하는 공무원들조차도 이 제도를 매우 못마땅하게 생각하는 것이 아닌가?

처음에는 이해하기 힘들었다. 매우 게으르고 공직에 맞지 않는 사람에게 기회를 여러 번 줬음에도 도저히 개선되지 않는 경우에 그 사람을 걸러내는 정도의 완화된 경쟁 시스템이라 여겼다. 그런데 공직사회 전체의 거부감이 매우 강하게 표출되는 모습을 보면서, 어떤 조직이든 최소한의 경쟁조차도 두려워하

> 고 피하려 한다는 사실을 확인했다.
>
> - 그런데 싱가포르는 상대평가로 매년 10%를 정리한다. 얼마나 경쟁이 치열하겠는가? 전 세계 개발도상국들은 싱가포르의 공무원 시스템을 바탕으로 한 국가발전 노하우를 배우고 싶어 한다. 그런데, 그 비결의 요체는 우수한 인재조차도 프리미어리그처럼 엄청난 경쟁을 거쳐 스스로를 단련시키며 만들어내는 '경쟁력'인 것이고, 고통을 감수하지 않는 한 이를 수입하여 체화하는 것은 불가능에 가깝다.
>
> 모두가 부러워하는 1등의 자리는 쉽게 얻을 수 있는 것이 아니다

우리 국민은 경쟁에 강하다. 미래를 위하여 현재를 희생할 줄 안다. 교육의 힘을 믿는다. 경쟁을 통한 경쟁력 향상이 졸업장과 자격증으로, 기술력으로, 혁신의 힘으로, 금메달로, 수출증대로, 외화벌이로, 국민소득 증대로, 그리고 마침내는 국민적 자부심으로 되돌아온 성공의 선순환 고리를 가능케 한 원동력임을 믿어 의심치 않았다.

이러한 믿음은 다시 각고의 인내심을 낳고, 근면함과 성실함으로 승부하는 경쟁력을 끊임없이 만들어 왔다.

이 경쟁력의 성과물이 오늘날 자랑스러운 대한민국의 부강한 모습일 터이다. 그러나 국부창출을 위하여, 국민 모두에게 나누어 줄 파이를 키운다는 명분으로 치열하고 끔찍한 경쟁에 몰입하는 와중에 우리는 어쩌면 더 가치 있는 것들을 희생해야만 했다.

 가족과의 단란한 시간과 아이들과 추억을 만들 수 있는 휴일, 마음의 풍요를 만들어갈 여유시간, 재충전과 자아실현을 위한 심적 여유 등은 절대 다가오지 않을 먼 미래의 일로 미루어 놓고 포기했다. 그리고 경쟁에서 뒤처진 사람들을 보듬는 마음, 어쩌면 경쟁의 출발선에 함께 설 수조차 없었던 열악한 처지의 사람들에 대한 배려와 포용의 마음가짐도 뒷전으로 밀려났다. 이러한 과정에서 함께 어우러짐으로써 더욱 행복해질 수 있다는 평범한 진리를 망각한 메마른 사회가 되었다.

 한마디로 살인적 경쟁에 내몰리다 보니 "함께하면 더 발전하고 서로 도움으로써 더 행복할 수 있다"는 진리를 애써 뒤로 미루어 둔 채 스스로 불행의 질곡으로 빠져든 것이다.

이것이 나만의 분석은 아니다.

다음에 나오는 세계가치관지수를 한번 살펴보자.

이타지수를 각 나라별로 조사해보니, 내전 국가, 전쟁을 겪고 있는 국가는 굉장히 이기적이라는 수치가 나온다. 생존본능이 강하기 때문이리라.

대한민국의 현실은 어떤가?

내전국가들보다 이타지수가 낮다. 이것은 매우 심각하고 충격적인 조사결과다. 각자 먹고살기 위해 엄청나게 달려왔다는 것은 우리 모두 인정한다. 그 힘은 정말 폭발적이었다.

그러나 이 정도 먹고 살게 되었으니 어려운 사람들을 보듬어 안고 함께 잘 살아 보자는 마음을 가질 만도 한데, 이런 마음이 아직 부족한 것이다.

또 다른 자료를 보자.

영국의 한 연구소가 세계번영지수를 조사했는데 한국은 28위로 평가되었다. 그런데 분야별로 점수를 살펴보니, 평균점수를 가장 많이 깎아 먹는 85등을 한 분야가 있는데, 이것이 다름 아닌 '사회 자본(social capital)'이다.

사회 자본은 사회구성원 상호 간의 배려, 양보, 관용, 신뢰, 반부패 등의 사회적 분위기를 의미한다.

○ **세계가치관조사(World Value Survey)**
- 세계가치관지수는 각국 사회과학 연구자들이 모인 세계가치관조사협회가 2010~2014년 동안 조사한 자료. 전 세계 사회과학자들이 각 나라와 인종을 대표하는 사람들 1,000여 명과의 인터뷰에서 얻은 데이터를 토대로 자료를 만듦.
- 각국의 삶/가치관, 환경, 일, 가족, 정치, 사회, 문화, 종교, 도덕, 민족성, 사회통계 등을 조사하고 있음.

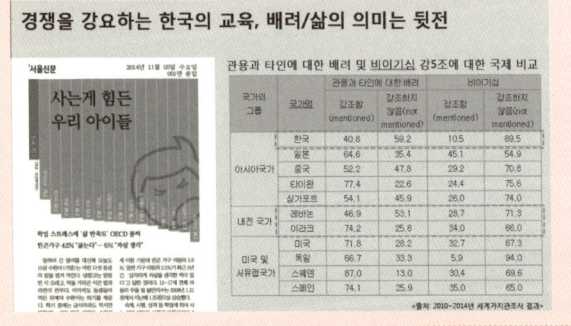

○ **세계번영지수 28위**

- 영국 싱크탱크 레가툼 연구소가 세계 142개 국가를 상대로 '2015 레가툼 세계 번영지수'를 발표, 한국은 살기 좋은 나라 28위를 차지

- 분야별로 경제는 17위, 안전·안보 17위, 교육 20위, 보건 21위, 기업가 정신·기회 23위 등 상위권을 차지. 반면, 국가 경영은 35위, 개인의 자유 66위, 사회적 자본은 85위로 중상·중하위권에 머물러 있다.

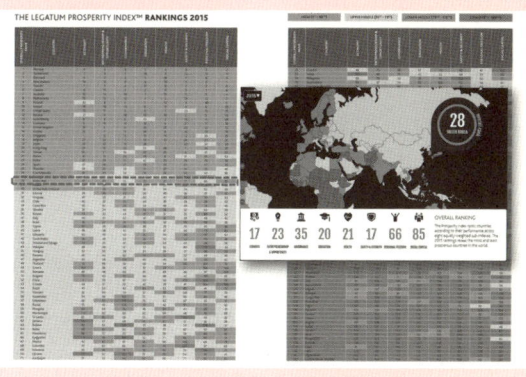

○ **신뢰와 한국경제**

- 한국 경제는 지금 고비용 저효율 구조를 벗어나지 못하고 있어, 연료만 많이 쓰고 주행거리는 짧은 자동차와 같다. 정부에 의한 자원이 효율적으로 배분되려면 높은 투명성, 낮은 부패 그리고 정부 기관에 대한 신뢰가 높아야 한다.

- 세계가치관조사(2015)에서도 살펴봤듯이 우리 국민들은 관용, 타인에 대한 배려 점수가 낮고 근검절약, 책임감, 자기표현을 좋은 덕목으로 생각한다. 한국인들은 자기중심적이고 타인 지향성이 낮다는 의미다. 겉으로는 평화로워 보이지만 국민들의 정서와 가치관은 내전 상태에 가깝다고 해석하기도 한다.

- '사람들 간의 신뢰'에 대한 조사에서도 한국 국민들은 높은 점수를 받지 못했다. 가장 높은 국가가 스웨덴(50~60%)이고, 한국(29%)은 이탈리아와 비슷한 수준이다. 가장 낮은 국가는 멕시코(10%대)다.

- 한국인의 자기중심적이고 타인 지향성이 낮은 가치관은 협업과 협동의 관계를 만들기 어렵고, 타인에 대한 신뢰도 낮고 부패지수는 높아 정부의 강제력으로 사회 갈등을 조정하려는 경향을 띠게 된다.

- 이런 점을 볼 때 한국 경제의 위기는 일시적인 경기부양책으로 해결할 수 없다. 건강하게 성장하는 경제는 좋은 인간에서 비롯된다. 타인을 이해하고 배려하며 소통하고, 자기를 넘어 공동체를 생각하는 사람이 되어야 한다.

- 신뢰와 사회규범 수준이 높을수록 기업 활동의 위험부담(risk)이 낮아지므로 기업 활동이 활발해져 경제성장을 촉진한다. 따라서 신뢰수준이 높아지고 투명성 등이 강화되면 부패지수도 낮아지게 되어 이로 인한 경제적 효과도 향상될 것이다. 한국의 신뢰와 부패 수준이 일본 수준으로 개선된다면 한국의 연간 경제성장률은 최대 1.3% 포인트 추가 상승할 수 있다는 예측도 있다.

* 참고 : 김병연, 2015

우리는 지난 50년간 낙수효과이론의 신봉자였다.

나누어 먹으려 해도 나눌 것조차 없으니 우선 나누어 먹을 파이를 키우자. 이 파이를 최대한 크게 하면 각자에게 돌아갈 조각의 크기가 커지고, 비록 불평등하더라도 부자를 많이 만들어 내면 그 부자들의 지출이 아래로 흘러 내려가서 차츰 전체적인 부의 수준이 올라갈 수 있다는 논리였다. 신속한 압축 성장을 애타게 바라는 전 세계 후발국들은 이런 전략을 구사할 수밖에 없으리라.

그러나 이런 성장전략으로 인하여 부익부 빈익빈의 양극화가 사회문제로 크게 대두되는 대한민국의 반쪽짜리 성공신화가 탄생하였다.

위에서 살펴본 바와 같이 외형과 순위, 수치에 있어서는 부인할 수 없는 위업을 이루었지만, 안으로는 대다수 국민이 상대적 박탈감과 피해의식으로 불행을 느끼는 사회가 되어버린 것이다.

이제라도 뒤처진 사람들을 보듬어 안고 함께 발전하고 성장하며 그 격차를 줄여 나아가야 하는데, 과연 방법은 있을까? 국민 모두가 성장의 과실을 함께 누리며, 서로 돕고 나누는 사회를 만들 수 있는 방법은 없을까?

2. 어떻게 돕는 것이 잘 돕는 것인가?

가. 국제원조, 한국이 하면 다르다 : 한국형 지식 공유프로그램

'공적개발원조(ODA : Official Development Assistance)'라고 하는 것이 있다. 한마디로 '원조', 잘 사는 나라가 어려운 나라를 돕는 것인데, 이 이야기로부터 실마리를 풀어보자.

우리나라는 2009년에 OECD의 개발원조위원회(DAC : Development Assistance Committee)에 가입하였다. 국제사회의 도움을 받던 나라가 드디어 도움을 주는 나라 클럽에 가입한 것이다. 이때부터 국제사회에서는 우리나라가 진정한 의미에서 선진국 대열에 들어섰다고 인정했다.

그때 국제사회에 약속하기를 2015년도 기준 GNI 대비 0.25%를 유·무상 원조에 사용하겠다고 했다. 그러나 작년에 2조4천억을 사용했으니, 비율로 보면 GNI 대비 0.13%에 불과하다. 약속을 반밖에 못 지킨 것이다.

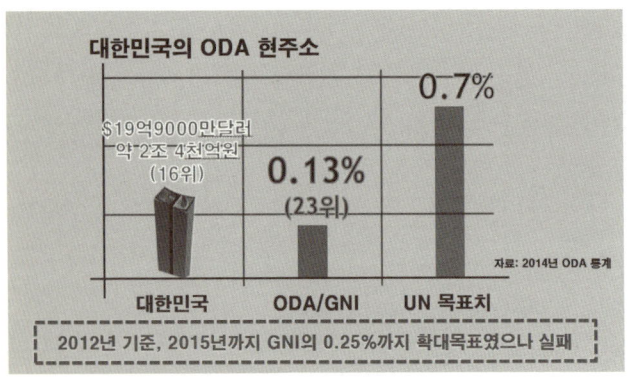

국제원조기관에서 만든 각 나라 원조의 위상을 표시한 그래프를 보면 덴마크, 스웨덴, 노르웨이와 같은 나라들이 국제적으로도 이상적인 원조를 하고 있다. 이상적 원조란 무슨 의미일까? 남을 돕는데 착하고 바람직하게 돕는다는 것을 의미한다. 과연 어떻게 돕는 것이 착하고 바람직한 것일까?

개인 간의 도움과 마찬가지로 반대급부에 대한 기대

없이 생색내지 않고 돕는 것이 착하게 돕는 것이리라.

생각했던 대로 미국, 영국, 프랑스 등이 많은 도움을 주고 있는 것은 명백한 사실이다. 그런데 그래프를 보면 왜 많이 돕는 나라들이 이상적인 원조가 아닌 반대쪽에 와 있는 것일까? 추측컨대, 도와줬다고 생색내고 뭔가 다른 방식으로 회수하려고 하는 나라가 아닐까 생각한다.

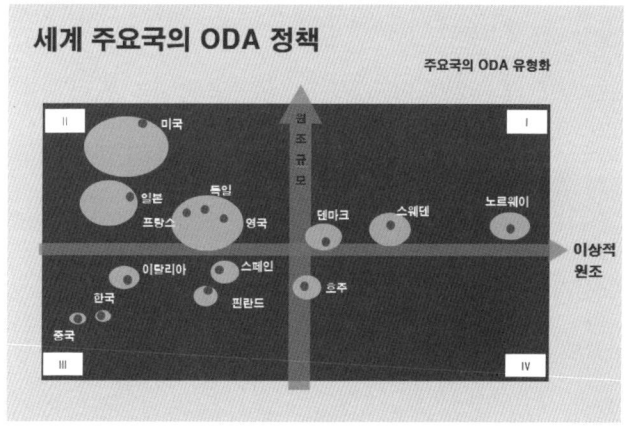

그럼 우리나라의 위상은 어떤가?

부끄러운 수준임을 확인할 수 있다. 많이 돕지도 못하

지만 착하게 돕고 있는 것도 아니다. 우리는 국제사회로부터 원조를 받던 나라였다. 국제사회의 도움으로 생존할 수 있었고, 죽기 직전에 살아남았다.

6.25때 16개국이 참전했다. 실제로 전투 부대를 파견한 나라가 16개이고 위문품을 보낸 나라는 더 많다.

1960년도 어느 해에는 미국이 아프리카 대륙 전체를 도와줬던 것보다 한국을 도와줬던 원조액이 더 컸었다. 국제사회의 원조가 없었으면 생존도 못했고, 먹지도 못했고, 번영도 못했을 나라가 대한민국이다. 그런데 그 나라가 이제 먹고 살게 되었고, 명실상부하게 세계 10위권 안에 들어가는 국가가 되었다. 외환보유액이 세계 6~7위다. 그런 나라가 계속 Ⅲ구역 하단에 머물고 있으면 이기적인 얌체나라로 분류되기 십상이다.

그렇다면, 방법을 찾는 것이 절실하다.

예산을 많이 들이지 않고도 크게 꼭 필요한 도움을 준다는 평가를 받을 수는 없을까?

방법을 찾아냈다. 그 방법을 설명하기 위해 두 가지 사례를 인용한다.

담비사 모요라고 하는 아프리카 출신 여성 경제학자가 쓴 「원조는 죽었다」라는 책이 있다. 2차 세계대전 이후 수조달러를 아프리카와 중남미와 동남아에 쏟아 부었는데, 아직도 가난이 해결되기는커녕 점점 힘들어지는 이유는 무엇인가? 도와주는 사람들이 착한 마음으로 도와주는 것이 아니라 사심을 가지고 있기 때문에 실질적인 도움이 안 된다는 내용이다. 실제로 물량공세를 하는 나라들의 경우에, 수원국(도움받는 나라)의 입장이 아닌 원조국의 이해를 위해 돕는 척만 했던 경우가 과거에 많았다.

또 하나의 사례를 들어보겠다. 지금도 아프리카에서는 연간 수만 명이 말라리아로 죽는다. 말라리아의 매개체가 모기라는 건 다 알고 있을 것이다. 문제해결을 위해 누군가가 모기장 보내기 운동을 하자고 주장했다.

그래서 국제사회가 모기장을 보내고 있고, 우리나라도 역시 보내고 있다.

 과연 이 사업이 성공했을까? 저개발국가의 국민들은 하루하루 먹고사는 것이 힘든 사람들이다. 모기장을 나누어주면 가지고 나가서 그물로 사용하며 물고기를 잡거나, 시장에 나가 모기장을 팔아서 먹을 걸 산다. 더 큰 부작용은 아프리카에 있는 모기장 업체가 다 망했다. 이것이 과연 도와주는 것일까?

 이 실패 사례는 극히 일부분일 뿐이고 그 동안 이루어진 수조달러의 원조는 대부분 이런 실패의 연속이었다. 그래서 국제사회는 회의에 회의를 거듭했다. 수많은 시행착오를 거쳐 내린 결론! 결국, 어려운 사람을 도와주려면 고기 잡는 법을 가르쳐야한다는 주장이 설득력을 얻게 된 것이다. 이 당연한 진리를 수조달러를 퍼붓고 나서야 깨달았다는 사실이 서글플 뿐이다.

○ 남 돕기가 어려운 이유

남미를 거쳐 아프리카까지 와서 자문 업무를 수행하며, '개발협력'이라 부르는 개도국 개발원조의 효과성에 대해 많은 생각을 해왔다. 지난 50년간 선진국들은 2조 달러 이상의 원조금을 쏟아부어 빈곤국을 도와왔고 그 최대 수혜자는 아프리카였지만, 효과는 늘 기대 이하였다. 기대했던 효과를 내지 못했다는 비판을 넘어 빈곤의 악순환을 고착화시키고 오히려 성장기반을 허물었다는 반성이 불거지는 이유는 무엇일까.

2007년 9월 르완다의 폴 카가메 대통령은 『타임』과의 인터뷰에서 이렇게 말했다. "1970년대부터 아프리카에 제공된 3,000억 달러 이상의 원조금은 사실상 거의 도움이 되지 않았다.…… 원조의 대부분이 아프리카 대륙의 진정한 개발에는 관심이 없고, 자신들의 이익에 맞는 여러 유형의 정권을 세우고 유지하는 데만 쓰였기 때문이다."

가장 직설적이고 진솔한 비판이었는데 최근 이런 정치적 목적의 원조는 줄고, 원조의 방법론이 잘못되었다는 반성이 설득력을 얻고 있다.

앞에서도 짧게 설명한 바 있지만 《죽은 원조》의 저자 담비사 모요는 아주 인상적인 예를 들어 원조 효과성과 방법론에 관한 논쟁에 불을 붙였다. 한때 아프리카에 모기장 캠페인이 벌어진 적이 있고, 일부 지역에서는 아직도 계속되고 있다. 이 사업은 한 해 수십만 명의 아프리카 사람을 죽음에 이르게 하는 말라리아의 매개체인 모기로부터 생명을 구하는 멋진 사업이다.

그런데 일이 예상치 못한 방향으로 흘러갔다. 외제 모기장이 시장에 흘러넘치면서 아프리카 모기장 제조업자들이 모두 망한 것이다. 모기장 공장에서 근무하던 수많은 사람은 직장을 잃었고, 그 가족들은 더 심각한 가난에 빠졌다. 더욱이 배포된 모기장은 시간이 흐르면서 대부분 찢어지고 망가져서 사용할 수 없게 된다. 그런데 모기장을 계속 공짜로 나누어 줄 수는 없는 법이다. 그러니 이후의 일까지 생각한다면 진정으로 도움이 되는 방법이 무엇인지 분명해진다. 사실 더 재미있는 것은 실제로 현장을 다녀보면 극심한 빈곤에 시달리는 현지인들은 언제 있을지 모르는 말라리아 감염보다 당장 먹고 살 걱정이 앞선다. 그래서 모기장을 시장에 내다 팔기도 하고, 심지어 낚시도구로 사용하기도 한다.

어떤 원조 사업이 벌어지고 난 직후 그 사업 현장만 보았을 때는 원조효과가 늘 멋져 보인다. 그러나 넓고 길게 관찰하면 엄청난 부작용을 발견할 수 있다. 현미경으로 들여다보면 잘한 일처럼 보이는데, 망원경으로 전체를 조망하면 부작용이 더 큰 경우가 세상에는 얼마든지 있다. 그렇다면 돕지 말아야 하나? 그렇지는 않다. '잘' 도와야 한다. 그래서 남 돕는 일이 힘들다는 것이다.

* 오세훈, 길을 떠나 다시 배우다(2015, 르완다 편) p.184 진정 아프리카를 위하는 원조(개도국 개발원조의 바람직한 형태와 효과성에 대한 심층논의), P.195 원조 효과성에 대한 국제적 논의를 참조

그 결과,
아프리카 내 모기장 공장 도산, 생계를 위해 그물로 사용

자, 이제 명민한 독자분들은 제가 어떤 해법을 제시하고자 하는지 짐작하실 것이다.

전 세계가 수십 번의 국제회의를 해서 찾아낸 가장 바람직한 원조 방식! 그것은 다름 아닌 지식 공유 프로그램(KSP : Knowledge Sharing Program)이었다.

Knowledge Share는 지식공유다. 부자 되는 방법, 돈 버는 방법, 잘 사는 방법을 가르쳐 주는 것이다. 그런데 이것을 전 세계에서 제일 잘할 수 있는 나라가 어느 나라일까?

바로 한국이다.

왜 우리가 KSP를 가장 잘할 수 있을까? 가장 짧은 시간에 가장 눈부시고 위대한 경제 발전을 이룩한 나라가 아닌가? 또 그 세대가 죽지 않고 아직도 살아있는 나라이기도 하다.

대한민국은 엄청난 인적자원을 가지고 있다. 단기간에 눈부신 발전을 이룩한 노하우의 장본인들이 보람 있게 보내야 할 인생 이모작의 황금기를 덧없이 보내고 있다. 너무 안타까운 현실이다.

이분들을 개발도상국에 파견할 자문 봉사인력으로 활용한다면 국익창출의 측면에서도 크게 도움이 될 것이다.

중남미와 아프리카와 같이 우리가 진출해서 부를 창출할 수 있는 불모지역에 교두보를 확보하는 일석이조의 효과를 낼 수 있기 때문이다.

중남미 지역 30여 개 국가는 엄청난 시장이다. 인구는 6억 명 정도지만, 대륙전체의 1인당 GDP가 1만 달러에 육박하고 있다. 한창 도시화와 산업화가 이루어지는, 우리나라 8,90년대와 같은 활황기의 시점이다. 1인당 국민소득 1만 달러 정도의 국가들에는 인프라 구축사업을 비롯하여 돈 벌 기회가 널려 있다. 우리는 이 황금시장을 지금 놓치고 있다. 한-페루, 한-칠레 FTA는 체결했지만 나머지는 사실 다 놓치고 있다고 봐야한다. 그 대륙의 시장은 어디에서 석권하고 있는가? 브라질, 멕시코, 콜롬비아 칠레 등 중남미 선발개도국들이 선점해 가고 있고, 식민지 종주국 스페인, 미국, 중국, 일본 등의 진출은 활발한데 우리는 아직 걸음마 단계다. 이 황금시장을 놓치고 있는 것이다.

아프리카도 마찬가지다. 현시점에 아프리카에 투자하지 않는 것은 1980년대에 중국에 들어가지 않는 것과 같다는 비유가 있다.

가까운 미래의 블루오션이 있는데 신경을 못 쓰고 있는 것이다. 최근 들어서야 우리나라 대통령도 현지에 진출해야 된다고 이야기하기 시작했다.

은퇴자분들에게 중남미 지역에 코이카 중장기 자문단으로 2~3년 나가보길 권하고 싶다. 2~3년 지내다 보면 그 나라의 속살이 보이기 시작할 것이다. 예를 들어 곧 선거가 있으니 공약 사업의 핵심 공사가 언제쯤 시행될 것이라는 식의 예측이 가능해질 것이고, 우리 기업이 진출하는데 그런 정보와 인맥을 가지고 교두보 역할을 할 수 있다는 의미다. 자문단으로 가서 몇 년 체류하면 명실공히 그 나라 전문가가 된다. 한국 기업들이 중남미 시장의 가치를 몰라서 안 들어가는 것이 아니다. 그 나라의 속사정을 잘 모르고 언어 소통 등에 한계를 느끼는 경우가 많기 때문이다. 우리나라 기업들이 미개척지에 진출하려고 할 때 이들이 알토란같은 정보를 주고 길을 안내하는 길라잡이 역할을 수행할 수 있으니, 일석삼조, 사조가 아니겠는가?

현재 우리나라는 연간 5천 명 정도가 해외에 각종 봉

사인력으로 나가고 있고 그 중 절반정도가 젊은이들인 것으로 나타나고 있다. 숫자로 보면 2014년 기준 1위 미국에 이어 전 세계 2위로, 일본을 앞선 것으로 나타났다. 우리가 연간 7천 명 이상을 보낸다면 세계 1위가 된다. 아마도 전 세계가 주목할 것이다. 도움받던 코리아가 도움 주는 나라가 되는 것만 해도 대단한데, 가장 바람직한 형태의 원조인 KSP를 하러 나가는 사람의 숫자가 전 세계에서 1위가 된다고 상상해 보자! 그렇게 되면 국제적으로 존경받을 수 있는 나라라는 국가 이미지와 브랜드가 형성되고, 이것은 국격 상승은 물론 우리 수출품의 가격 결정에도 매우 긍정적 영향을 미치게 될 것이다.

> **○ 국가 이미지 & 한국 제품 가격 인식의 관계**
> - 한국에서 만들어진 어떤 제품 가격이 US $100이라고 가정했을 때, 동일한 제품이 일본, 중국, 독일, 미국에서 제조된 경우 적정하다고 생각되는 가격에 대하여 질문을 하였음.
> - 독일에서 생산되었을 때의 가격을 $137.1로 가장 높게 인식하

고 있는 것으로 나타남. 한국은 독일, 미국, 일본 다음으로 높게 인식하고 있는 것으로 나타났으며, 중국 제품 가격을 가장 낮게 인식하고 있는 것으로 나타남. 이것은 제품 가격 안에 제품을 생산한 국가의 브랜드 가치도 포함되어 있다는 의미다.

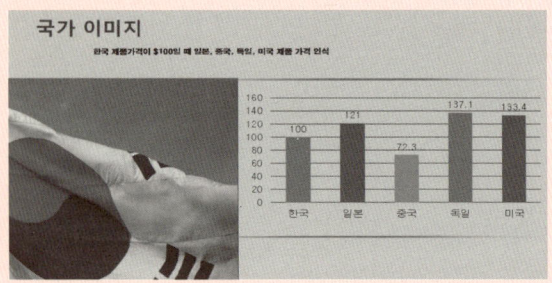

○ 한국 연상 단어에 따른 한국 가격인식과 한국 국가 이미지

- 한국 연상 단어별 한국 제품 가격인식과 한국 국가 이미지 평가를 보면, 한국과 관련하여 '국제사회 기여'를 1순위로 표기한 응답자들의 한국 제품가격 인식이 가장 높은 것으로 나타났다. 다음으로 '디자인'을 1순위로 표기한 응답자들의 한국 제품 가격 인식이 높다.

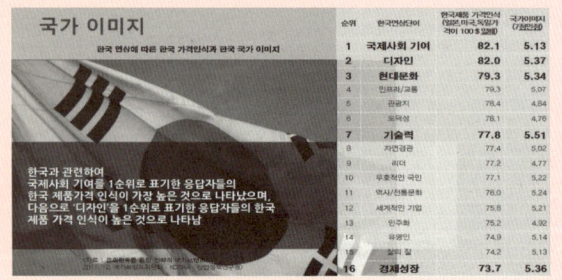

- 한편, '한국'하면 1차적으로 떠오르는 연상 단어는 1순위 '빠른 경제성장', 2순위 '기술력'으로 나타나고 제일 연상되지 않는 것이 '국제사회기여'로 나타나서 현재의 국가브랜드는 높은 제품가격인식에 별로 도움이 되지 않는 것으로 평가된다.

결국, 국제사회 기여에 대한 국가 이미지를 만드는 것이 수출로 먹고사는 대한민국의 가장 절실한 과제임을 알 수 있다.

* 출처 : 국가브랜드위원회, ·KOTRA·, 산업정책연구원, 2011

많은 돈을 들여야만 브랜드를 만드는 것이 아니다. 앞에서 언급했던 해외 원조로 쓰는 비용, 연간 2조 4천억 원 중 상당 부분은 현재 학교, 병원 등을 짓는 데 사용되고 있다. 이 중에 10%만이라도 해외 자원봉사 자문단에 투자를 하면 충분히 7천 명을 파견할 수 있다.

문제는 사람을 확보하는 것이다. 성공사례를 홍보함

으로써 동기부여를 하고 해외파견인력을 대폭 늘리면 10년 뒤쯤에는 엄청난 시장개척 효과가 나타날 것이다.

○ 보람을 만들어 가는 청년들

르완다 기호궤의 배수정 단원!

1남 3녀 중 셋째인데 아빠가 뜻대로 하는 것은 마지막이라는 조건하에 르완다행을 허락했단다. 필자가 '대한민국에서 가장 예쁘고 자랑스러운 처녀의 팔'이라고 부른 배수정 단원의 팔뚝에는 벼룩에 물린 상처가 10여 개 훈장처럼 검붉게 박혀있다.

이런 열정과 희생정신 덕분에 기호궤 마을의 새마을 운동은 매우 성공적이다. 열악한 환경에서 가축은행사업 등 억척스럽게 보람을 일궈가는 모습을 보면 정말 자랑스럽다.

우리 청년들의 해외 봉사활동 및 취업 도전정신은 놀랍다.

필자는 젊은이들을 만나는 강연이나 대화의 기회가 있을 때마다 우리보다 뒤처진 나라에서의 해외 봉사활동을 적극적으로 고려해 보라는 권유를 하곤 한다.

베트남, 미얀마, 인도네시아 등 동남아는 물론, 현재진행형의 블루오션인 중남미 제국들 그리고 가까운 미래에 우리의 앞마당이 될 아프리카 여러 나라는 우리에게 엄청난 기회의 땅이다.

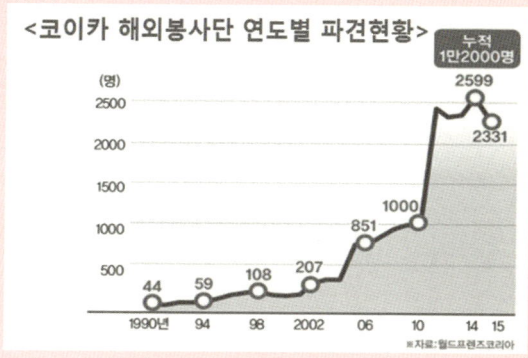

코이카 자료에 따르면 이미 연간 2,000여 명 이상의 젊은이들이 돈을 주고 사서라도 한다는 청년시절의 고생을, 개도국에서 즐거운 마음으로 하고 있다.

이들의 각종 봉사활동은 국가브랜드를 향상시켜서 국익에 크게 기여하는 애국활동이기도 하려니와, 스스로에게도 더할 수 없이 좋은 기회가 된다.

이런 비유가 가능하다. "개도국의 우리 젊은이들은 타임머신을 타고 미래에서 날아온 선지자들이다." 대한민국은 경제발전에 관한 한 그 개도국들의 미래임이 분명하다. 우리는 그들이 앞으로 겪어나가야 할 발전 과정을 이미 80, 90년대에 거쳐 온 경험이 축적되어있으므로, 그들이 목마르게 알고 싶어 하는 발전의 노하우를 전수해 줄 수 있다. 아울러 그 개도국의 5년 후, 10년 후의 미래상을 미리 예측할 수 있는 지식과 정보도 가지고 있다. 그 나라의 산업부문별 미래를 내다볼 수 있으면, 그 나라에서의 각종 사업 활동으로 성공할 확률도 그만큼 커진다.

개도국에서 2-3년 봉사 활동을 하게 되면 그 나라 언어도 어느 정도 구사할 수 있게 됨은 물론 그 나라의 풍습과 관행, 인간관계에 익숙해져서 창업과 구직을 하려고 한다면 더 이상 유리할 수 없을 것이다. 또, 그 나라에 남아 계속 일을 하지 않더라도 그 소중한 개척정신과 희생정신은 국내 취업에도 더할 수 없이 좋은 조건으로 작용할 것이다.

선진 영어권 국가에서의 영어연수에 투자하는 에너지와 비용을, 보다 보람 있고 유용하게 쓰는 방법! 개도국에서의 봉사활동을 일석 삼조, 사조의 기회로 활용해 보자!

이것이 21세기 '잡 노마드시대'에 새로운 가능성에 도전하는 좋은 발판이 될 것이다. (오세훈 저 《시프트, 생각의 프레임을 전환하라》 2009를 참조하면 미래형 인재상에 대한 생각을 정리하는데 도움이 될 것이다)

산업인력공단에서 발표한 자료에 의하면 2015년 해외취업자 수는 67개국 2,903명으로 2014년 1,679명 대비 72.9%가 증가한 것으로 나타났다. 올해에도 7월까지 벌써 1,528명이 해외취업에 성공한 것으로 집계 됐다.

'잡 노마드'현상은 이미 선진국에서는 낯설지 않은 현상이다. EU의 2011년 조사 자료에 따르면 15~35세 사이의 젊은이 중 8%가 해외에 취업중이거나 해외취업을 해본 경험이 있다고 밝혔다. 또 보스턴컨설팅그룹의 2014년도 조사에 의하면 미국 20대 청년의 60%가 기회가 된다면 해외에서 취업하겠다고 답하고 있다.

일본은 현재 인구가 줄고 고령화가 진행되면서 구직자 대비 일자리가 1.28로 24년 만에 최고치를 나타내고 있는데다가 어학능력이나 문화적응능력이 뛰어난 우리나라 청년들의 채용을 가장 선호한다고 한다. 중국 또한 고급인력의 부족을 메우기 위해 우수한 우리 젊은이들에 대한 관심이 꾸준히 증가하고 있다.

청년들의 해외취업은 일자리 문제 해결은 물론 글로벌 인재의 양성으로 국가경쟁력을 제고하는 중요한 수단이 될 수 있다.

오로지 국내 취업만을 지상과제로 할 것이 아니라 보는 눈을 지구촌 전체로 넓히고 그 패기와 열정을 다한다면 새로운 미래를 창조해 나갈 수 있을 것이다.

* 이 생각을 보다 구체적으로 발전시켜 국가적 과제로 설정한 글.
오세훈 길을 떠나 다시 배우다(2015, 르완다편) P.173 '청년이여 밖을 보라', p.178, '개발원조도 산업이다'

○ 가치지향형 직업 개발, 국가의 지원이 절실하다

인력시장 미스매치의 원인을 새로운 각도에서 다시 생각해보아야 한다.

이를 위해 중소기업보다는 중견기업이나 대기업, 그보다는 공기업을 더 선호하는 취업 경향을 분석해 보면 젊은이들의 가치관을 미루어 짐작할 수 있다. 젊은이들은 일만할 수 있으면 좋겠다는 마음으로 단순히 일자리만 구하는 것이 아니라, 안정적인 직장과 성취감, 여가를 동시에 얻기 원하는 셈이다. 이런 마음가짐을 탓할 수만은 없다. 직업 자체가 삶의 의미를 충족시켜주지 못한다면 여가라도 충분히 확보해 가족과 함께하는 시간, 자기계발을 위한 시간을 가지겠다는 심리를 잘못됐다고 비판만 할 수는 없기 때문이다.

한마디로 '매력적이지 않은 업무에 그 보수를 받고 내 청춘을 보내고 싶지는 않다.'라는 마음을 가진 실업자라면 절반은 자발적 실업자라고 볼 수 있다. 개발연대를 거쳐 온 많은 젊은이들의 자발적 실업 상태를 보며 "배가 부르다."라고 비판하지만, 조금만 더 깊이 들여다보면 젊은 층이 고민하는 근저에는 '가치의 충돌'이 존재한다. 직업은 단지 생활비를 번다는 차원의 문제가 아닌 것이다. 즉, 직업은 정체성의 문제요, 존재 가치의 현실화이기에 쉽게 청춘을 던지지 못하고 망설이는 것이다. 사실 현대는 경험이 쌓이면 연관 직종으로 전직할 수 있는 커리어 노마드의 시대인데, 젊은이들은 이런 가능성을 낮게 보고 첫발을 내딛는 데 지나치게 신중한 측면도 있다.

그렇다면 어떻게 해야 젊은 층의 자존감을 충족시켜 줄 양질의 일자리를 만들어 낼 수 있을까. 우리 사회가 고민해야 할 문제다. 양질의 일자리가 꼭 고액 연봉이나 사내 복지가 보장되는 중견기업, 대기업만을 의미할까. 아마도 아닐 것이다.

젊은이들이 보람과 자존감을 추구할 수 있는 일자리는 국내보다는 외국에, 선진국보다는 개도국에 더 많다. 나는 이 생각을 아프리카에 와서 비로소 정리할 수 있었다. 많은 돈을 벌 수 있는 안정된 직장을 다니던 젊은이가 과감히 직장을 그만두고 아프리카로 날아와 최소한의 생활비와 열악한 환경 속에서 현지인과 피부를 맞대고 보람을 찾아가는 모습을 보면서 말이다.

이제 대한민국 젊은이들 중에는 이런 가치지향형 경력에 목말라하는 친구들이 늘고 있다. 이들이 간절히 취업하고 싶어 하는 유엔 산하 국제기구, 세계은행, 아프리카 개발은행 등의 직원 수는 수만에 이르지만, 여기에 들어가려면 어학 실력과 전문 분야의 경험 습득 등 많은 준비를 해야 한다. 그런데 현재의 대학 교육과정이 이런 수요에 부응할 정도의 프로그램을 제공하는지는 의문이다. 이제 겨우 몇몇 대학원 과정에서 유관 학과가 운영되는 수준이고, 학부 과정에서는 극히 일부 대학에서 시작하는 단계에 불과하다. 물론 꼭 대학에서부터 체계적으로 준비하는 것이 필수는 아니지만, 30여 개에 이르는 국제학부에서 외국어와 국제개발협력에 특화된 교육을 체계적으로 준비시켜준다면 국제기구에 진출할 확률을 높일 수 있다.

그러나 꼭 이렇게 어려운 관문을 뚫고 국제기구에 취업하는 것만이 세계시민으로서 보람 있는 직업을 가지는 길은 아니다. 코이카 해외 봉사단은 물론이고 NGO 활동이나 각종 국제기구 해외인턴 경험 등을 통해 꾸준히 해당 분야 취업에 필요한 조건을 충족시키다 보면, 자연스럽게 취업에 필요한 경력이 쌓이므로 이를 도와주는 국가의 지원이 절실하다.

이에 더해 우리 스스로 이른바 '국제 봉사 자격증' 제도를 만들어, 최소한의 어학실력과 전문성을 갖춘 젊은이들에게 줄 필요가 있다. 그리고 이들이 일정기간 동안 100여 개 개발도상국에 나아가 새마을 운동을 펼치거나 초·중·고등학교 혹은 NGO가 운영하는 야간학교 교사로서 자원봉사하며 그들이 필요로 하는 지식을 전수하면 우리에게 엄청난 자산이 될 것이다. 물론 이 경우에도 본인이 의료 보건이나 농업, 환경, 건축, 정보통신 기술 방면의 전문성을 구비하고 있으면 훨씬 유리하다.

* 출처 : 오세훈, 2015

○ "청년들 주저 없이 나가라… 10년 뒤 금의환향한다"

배준용 기자

"지금 청년들이 '잡 노마드'를 선택해 해외에서 경력과 경험을 쌓는다면 10년 뒤 한국으로 금의환향(錦衣還鄕)할 것입니다."

국내외 노동시장 인력 수급 및 이민 정책의 권위자인 설동훈 전북대 사회학과 교수는 본지 인터뷰에서 "취업난을 겪고 있는 청년들에게 '잡 노마드'는 기회"라고 단언했다. 설 교수가 해외 취업을 '기회'라고 말하는 건 향후 10년간 노동시장에 변화가 나타나더라도 국내 일자리 사정이 크게 개선될 가능성이 낮다고 보기 때문이다. 설 교수는 "통일이나 획기적인 경기 회복이 없다면 앞으로 10년은 첨단 기술 분야와 저숙련 분야는 노동력이 부족한 반면 일반적인 숙련도를 갖춘 '대졸자'는 초과 공급되는 청년 취업난이 이어질 가능성이 높다"고 말했다.

실제 올해 초 한국고용정보원 인력수급센터가 발표한 '2014~2024 대학 전공별 인력 수급 전망' 보고서에 따르면 2014년부터 2024년까지 국내 노동시장에는 10년 동안 4년제 대학과 전문대를 나온 대졸자 79만 여명이 노동시장의 수요를 초과해 공급될 것으로 예측됐다. 설 교수는 "노동 개혁과 대학 구조조정이 잘 이루어진다면 초과 공급 문제가 해소될 여지가 있지만, 취업 준비생 개인으로서는 정부의 대책과 해법을 기다리기보다 해외에 나갈 기회가 있다면 주저 없이 나가는 게 최선"이라고 밝혔다.

하지만 2024~2026년이 지나면 '대졸자'에 대한 수요가 공급을 뛰어서는 '반전'이 한국 노동시장에서 나타날 것이라고 설 교수는 예상했다. 이 무렵 2000년대부터 시작된 극심한 '저출산' 세대가 노동시장에 진출하면서 '대졸자' 공급이 급격히 떨어지기 때문이다. 통계청이 발표한 '장래 인구 추계'에 따르면 우리나라의 생산 가능 인구는 올해 3704만 명으로 정점을 찍은 뒤 급속히 감소해 2025년 3490만 명, 2030년 3200만 명 수준으로 줄어들 것으로 예상된다. 특히 15~24세 인구는 올해 670만 명에서 2025년 470만 명으로 줄어들고, 2030년에 420만~450만 명까지 감소할 전망이다. 설 교수는 "앞으로 10년 후 저출산과 인구 고령화가 심각해지면 지금 해외에 나가 경험과 경력을 쌓은 대졸자에게는 한국으로 금의환향할 기회가 생길 가능성이 높다"고 말했다.

* 출처 : 조선일보, 2016.8.24, 「"청년들이여 주저 없이 나가라...10년 뒤 금의환향 한다"」

KSP사업 중에 제일 큰 효과를 거둘 수 있는 것이 새마을 운동이다. 새마을 운동은 이제 우리에게는 진부하게 느껴지는 운동이지만, 아프리카에서는 전혀 그렇지 않다.

○ 르완다 키갈리 무심바 마을의 성공 스토리

르완다에서 자랑스러운 대한민국의 자원봉사 인력들을 많이 만났는데, 그중에서 가장 돋보이는 분들이 새마을 봉사단이었다. 정년퇴직을 하고 르완다에서 10년째 봉사활동을 하시는 분도 계시는데, 농업기술 등을 르완다 국민들에게 가르쳐준다. 새마을봉사단은 마을마다 보통 4-5명씩 팀을 만들어, 연세 많으신 분과 청년들이 함께 들어간다.

르완다의 무심바 마을은 매우 낙후된 곳이었다.
이곳은 새마을 운동이 성공한 곳이다.
이곳에 경상북도에서 파견한 새마을 팀이 도착하면서 마을에 엄청난 변화가 시작되었다.
처음 도착했을 때 쌀농사를 짓자고 하자 원주민들은 시큰둥했다.
보통 무중구(그들 입장에서 외국인)가 나타나면 예외 없이 돈이나 먹을 것, 입을 것을 공짜로 나눠주고 가버리는데, 한국에서 온 새마을팀은 일을 하라니 어리둥절할 수 밖에...
우여곡절 끝에 솔선수범과 설득으로 논을 만들기 시작한 그들!
그 많은 힘든 사연은 다 생략한다.
사진에서 보듯 습지가 파란 논밭으로 변했다.
이 나라에서도 부자들만 먹을 수 있는 고가 작물인 쌀이 생산되었으니, 마을이 부자가 되었을 것은 당연한 이치이다.
그런데, 감동은 그다음부터다.

그들끼리의 회의에서 올해 얼마를 벌었지만 일부만 쓰고 나머지는 다음 해 농사를 위해 저축하자는 그들 스스로의 결정을 보며, 이제 되었다는 안도감과 보람에 몸을 떨었다는 새마을팀의 이야기를 접하고 보면 느낄 수 있다.
근면, 자조, 협동의 새마을 운동이 원조 방식 중 얼마나 위대한 방법인지를!
새마을 팀은 돈을 거저 주지 않는다.
농기구와 종돈 등을 사기 위해 처음 가져간 종자돈은 가급적 회수해서 나온다. 야박해 보이지만, 자립이 무엇인지 가르치려면 공짜는 없어야 한다.

서구 선진국들이 지난 수십 년간 실패한 원인은 그들에게 당장 필요한 먹을거리와 돈을 주는 방식으로 그들을 오히려 게으르게 만들고 그들의 정신을 망가뜨려 놓았기 때문이다.

어려운 처지의 사람들을 돕는다는 것은 신성한 일이고 매우 조심스러운 일이다. 돕는 자의 자기과시를 위한 도움이나 신중하게 잘 준비되지 못한 도움이 받는 사람들에게 결과적으로 해악을 끼치는 경우가 종종 있다. 대가 없이 공짜로 받는 것은 건전한 근로의욕의 싹을 자른다. 한 두 번 손쉽게 공짜로 받아본 사람은 그 단맛을 잊지 못해 비슷한 혜택만을 찾아다닌다. 그렇게 해서 아프리카는 저성장과 부패의 늪에 빠져 들었던 것이다. 이를 반성하고 해법을 모색하기 위한 국제회의가 지속적으로 열리며 바람직한 원조방법을 찾고 있는데, 마침 한국의 새마을 운동이 괄목할 만한 성과를 내며 주목을 받고 있는 것이다.

나. 우리 안에 잠들어 있는 나눔의 정신을 깨우다

 어려운 사람을 돕는 원리는 국내나 국제사회나 똑같다.

 선진국이 후진국을 도우면 원조, 경제형편이 좋은 사람이 조금 어려운 사람을 도우면 나눔과 자선, 정부가 취약계층을 도우면 복지라 한다.

 먼저 나눔과 자선에 대해서 간단히 살펴보고, 정부의 복지 정책에 대해서는 장을 달리하여 자세히 살펴보겠다.

 앞에서 우리는 이타지수, 사회결속력지수 등을 살펴보며 우리 사회의 공존의 가치에 대한 현 상황을 냉정하게 평가한 바 있다.

 과연 돌파구를 마련하는 것이 힘든 상황일까?

 그렇지 않다. 우리의 핏속에는 공동체 사회를 열망하는 뜨거운 DNA가 흐르고 있다. 삼국유사로부터 우리의 모든 영역을 아우르는 건국이념이 된 '홍익인간 – 널리 인간을 이롭게 한다'의 정신부터 시작하여 두레, 품앗이 등 농경사회로부터 유래하는 공동체의식은 무의

식적으로 우리의 정신세계를 지배해 왔다. 이러한 전통적인 정신적 자산들이 지나친 경쟁에 내몰리는 산업화 기간에 잠시 뒤로 숨어 발현되지 못했을 뿐이다.

이제 경쟁보다는 상생과 협업이 더 많은 가치를 창출해 낼 수 있는 4차 산업혁명시대, 무한 경쟁의 부작용을 최소화하기 위해 다시 업그레이드가 필요한 따뜻한 자본주의, 즉 자본주의 4.0 시대에 절실해진 공존과 상생의 가치를 다시 되살리기만 하면 되는 것이다.

서울시장 시절에 복지 정책을 가지고 몇 가지 실험을 해 보았다.

'디딤돌 사업', '동행프로젝트' 등 내가 당장 가진 것으로 나보다 더 어려운 사람들을 돕는 방식으로 나눔의 정신을 구현하는 정책을 시도해 본 결과는 매우 희망적이었다.

우리에게 이런 사회적 가치에 대한 공감대가 없는 것이 아니었다.

○ 서울시장시 재능기부 사업

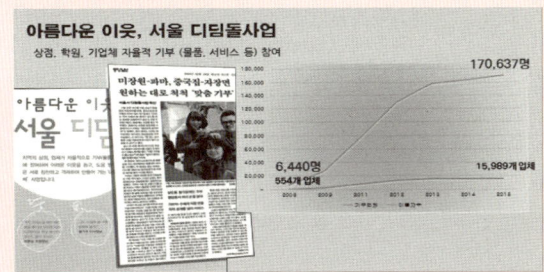

- 남을 돕는 것은 10억, 20억 부자가 되는 목표를 이룬 이후에서야 비로소 시작할 수 있는 일이 아니라, 일상생활에서 나보다 조금 못한 처지의 사람들을 돕는 것부터 시작해야 하는 일이라는 관점에서 시동을 걸었던 '서울 디딤돌 사업'

- 빵집 아저씨는 빵으로, 미용사 아주머니는 머리 다듬는 기술로 이웃에게 나눔의 마음을 전하도록 한 디딤돌 사업은 500명 정도로 시작하여 현재까지 엄청난 참여율을 기록하며 순항 중이다.

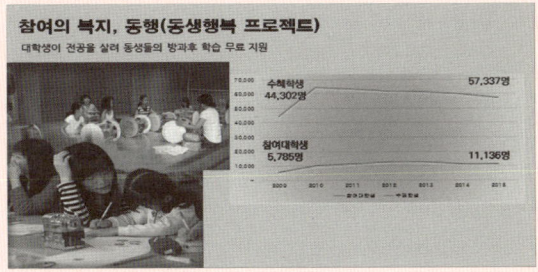

- 대학생들이 각자 자신의 전공을 살려 저소득층 자녀의 방과 후 학습을 무료로 지원하는 '동생행복 프로젝트' 역시 참여 인원이 급속도로 늘어난 모습을 확인할 수 있었다.

절대빈곤상태를 벗어나려는 절박한 경쟁의 산업화 기간 동안 잠시 뒤로 미루어 두었던 착하고 바람직한 심성이 이제 약간의 경제적 여유 공간에서 되살아 날 조짐이 보이고 있다.

물론 아직은 나눔의 정신이 선진국들에 비해 조금 빈약한 것이 사실이다. 그러나 법적, 제도적 뒷받침이 매우 부실한 현 시스템의 문제점만 조금 보완하면 나눔의 영역에서도 경제발전 이상의 위대한 성취가 가능하다고 확신한다.

○ 모두가 행복한 선진국, 품격으로 존경받는 나라

지구상에는 가진 자와 못 가진 자, 앞서가는 자와 뒤처진 자, 배운 자와 그렇지 못한 자들이 뒤섞여 산다. 권력과 경제적 지위, 사회 문화적 지위에 격차가 생기고 그 간격이 시간이 흐를수록 벌어지는 이유에 대해 세계적으로 격렬한 논쟁이 벌어지고 있다. 우리나라에서도 부의 대물림이 보편화되면서 이를 경제 사회학적으로 분석하려는 시도들이 부쩍 자주 보이고, 결국 이 문제점을 누진과세 등의 조세정책으로 풀자는 주장이 설득력을 얻고 있다.

최근 이 논쟁에 불을 지핀 이는 경제학자 피케티다. 그는 빈부격차가 심해지는 부익부 빈익빈의 이유를 역사적으로 자본 수익률이 근로 수익률을 늘 앞서왔기 때문이라고 분석하여 논쟁의 초점을 자본주의의 한계에 맞추었는데, 다른 한편에서는 비록 상대적 격차는 벌어졌을지언정 각 개인이 가진 부의 절대량은 꾸준히 상승해 왔다는 통계로 자본주의의 우월성을 강조한다.

자본주의는 그 자체로 강점과 약점을 다 가지고 있는 불완전한 제도이기 때문에 어찌 보면 당연한 이야기들이다. 한마디로 둘 다 맞는 말이고, 모두 함께 살맛 나는 세상을 만들기 위해서는 고삐 풀린 망아지 같은 자본주의를 순한 양처럼 만들 보완책이 필요하다. 그렇다면 보완을 위한 해법은 과연 무엇일까. 이것도 의외로 간단하다. 공적 영역에서는 출발선에서부터 차이가 나지 않도록 조세, 교육, 복지 정책의 영역부터 보완해나가야 하고, 사적 영역에서는 가진 자, 앞서가는 자, 배운 자가 그렇지 못한 자를 위해 배려하면 된다. 이렇게만 되면 바로 진정한 선진국 반열에 올라서는데, 말로는 무척 간단해 보이지만 실제로 실천하려면 그리 쉽지만은 않다. 그 이유는 이기심 때문이다. 한마디로 가진 자는 더 가지려 하고, 앞선 자는 더 앞서려 하기 때문이다.

- 중략 -

이런 마음을 가진 사람들이 늘어나면 대한민국은 '모두가 행복한 선진국', '품격으로 존경받는 문화국가'에 빠른 속도로 진입할 수 있다. 당연히 사회갈등도 큰 폭으로 줄어 서로를 배려하는 사회가 될 것이다.

* 출처 : 오세훈, 2015

기부와 같은 나눔 문화가 확산되면 사회자본(social capital)이 확충되어 국가 경제 성장에도 긍정적인 영향을 준다는 연구 결과들이 최근 들어 자주 보인다. 각 국가별로 기부가 1인당 GDP에 미치는 관계를 살펴보면 소득이 높은 나라일수록 기부가 많은 것으로 나타난다. 또 소득이 불평등해도 기부와 나눔을 통해 그 격차를 줄일 수도 있다.

○ 국내 기부 현황

- 2006년도에 신고된 국내 기부금은 8조 1,400억 원이었는데 2013년 기부금은 12조 4,859억 원으로 65% 정도 증가했고, 매년 증가추세에 있다. 하지만 OECD 국가의 기부참여율을 비교해보니 한국은 25위로 하위 수준이다. GDP 대비 비중도 미국은 2%가 넘는 반면 한국은 0.87% 수준에 머물고 있어서, 앞으로 나눔 문화를 확산하기 위한 많은 노력이 필요하다.

○ 나눔이 국가 경제에 미치는 영향

- 1970-1992년 34개 국가를 분석해본 결과, 한 나라의 사회적 신뢰도가 1% 증가할 경우 1인당 실질 GDP가 약 0.6% 상승하는 것으로 나타났다.
- 미국의 NPO(비영리단체, Non-profit organization) 관련 산

업규모는 전체 GDP의 약 5.4%를 차지하고, NPO에 종사하는 사람들도 전체 고용의 10% 정도를 차지하는 것으로 나타났다.

○ 한국 NPO(비영리단체, Non-profit organization) 현황

- 한국의 NPO 관련 산업은 아직 미미한 단계다. 한국 NPO 수는 2만여 개 정도(2013년 기준)되는데, 미국 150만 개, 영국 16만 개에 비하면 정말 현저히 부족한 수치다.

- 재정적인 부문에서도 국내 NPO의 기부금 수익은 4조 원, 미국은 1년 수익이 약 1.6조 달러, 영국은 1천억 달러 수준이다. 한국은 NPO의 양적, 질적 수준을 높이기 위해 많이 분발해야 한다.

나눔 문화가 확산될수록 국민들의 행복감은 높아지고, 개인 차원에서도 이웃과 더불어 사는 나눔을 통해 삶의 만족도가 향상된다는 연구 결과들을 심심찮게 보게 된다.

2015년도 UN 조사보고서(World Happiness Report 2015)에서도 1인당 GDP와 같은 경제력(26%)보다 도와줄 사람의 존재(30%)가 있는지 여부가 행복을 느끼게 하는데 더 많은 영향을 주는 것으로 나타났다.

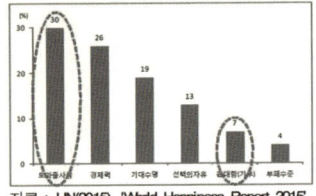
자료 : UN(2015), 'World Happiness Report 2015'.

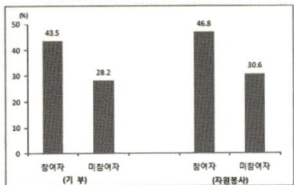
자료 : 통계청, 나눔실태 2014.

그러나 우리나라의 나눔 문화를 보면 반성할 점이 많다. 자원봉사에 참여하는 연령대별 분포를 보면 청소년기(중·고등학생)에 가장 많이 참여하지만(75.4%) 20대(13.7%), 30대(11.2%), 40대(17.3%), 50대(14.5%), 60대 이상(7.8%)에서는 참여율이 현격히 떨어진다. 영국·미국과 같은 나눔 선진국은 전 연령대에 걸쳐 40%대 이상의 높은 참여율을 보인다.

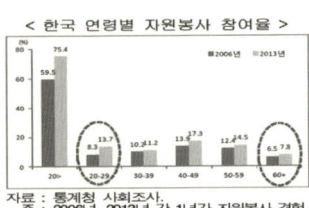
자료 : 통계청 사회조사.
주 : 2006년, 2013년 각 1년간 자원봉사 경험.

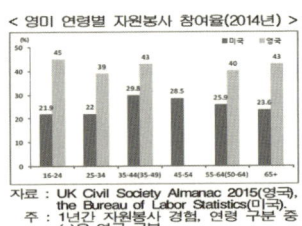
자료 : UK Civil Society Almanac 2015(영국), the Bureau of Labor Statistics(미국).
주 : 1년간 자원봉사 경험, 연령 구분 중 ( )은 영국 구분.

그렇다면 우리나라는 기부를 하기에 좋은 환경을 가

지고 있는가?

얼마 전 언론에 난 안타까운 기사를 보고 답답해한 기억이 있다.

한 사업가가 장학재단에 200억 원 상당의 자기 주식을 좋은 곳에 써달라는 부탁과 함께 기부했다가 증여세와 가산세로 225억 원을 내야 하는 상황을 겪게 된 것이다.

> ### ○ 우리나라 기부 제도의 현실
>
> - 황필상 구원장학재단 설립자가 215억 원의 재산을 장학재단에 기부했다가 225억 원의 세금 폭탄을 맞았다. 현금 15억 원과 수원교차로 주식 90%(200억 원 상당)를 기부했다가 증여세 14억 원과 재판에 패소하면서 가산세까지 해서 225억 원을 세금으로 내야할 지경이다.
>
>
>
> * 출처: 동아일보, 2015.12.26, 「공익재단에 215억 기부했더니 140억 세금」

왜 이런 일이 벌어지는 걸까?

우리나라 「상속·증여세법」에 의하면 공익법인이 특정 기업 주식을 5%(성실공익법인 10%) 넘게 기부받을 경우 최고 50%의 상속세나 증여세를 내도록 되어 있다. 재벌 등이 공익법인을 지주회사로 만들어 편법으로 부를 세습하는 것을 막자는 취지에서 만든 법이 오히려 선한 기부의 발목을 잡는 부작용을 낳고 있는 것이다.

미국은 20%까지, 일본은 50%까지 세금을 물리지 않는다. 영국과 독일의 경우 주식 기부에 대해 세금을 한 푼도 부과하지 않는다.

우리도 기부를 통한 나눔 문화를 확산시키기 위해서 상속·증여세법을 개정할 필요성이 충분하다. 재벌들이 공익법인을 통해 편법지배를 하거나 조세회피 수단으로 악용하는 것을 방지하겠다면 출연받은 주식에 대해 의결권을 제한하는 것과 같은 안전장치를 두면 될 것이다. 이에 대하여는 다음 장에서 조금 더 자세히 살피겠다.

<한국의 공익법인 규제와 해외 비교>

	주식 기부 제한	원금 보존 규정	칸막이식 공익사업
한국	특정기업 주식을 5% 넘게 기부받으면 공익법인이 상속·증여세를 물어야	기본 재산(원금)은 공익 활동에 사용 못해	교육·복지 등 정부에 등록한 공익사업만 수행할 수 있어
외국	- 미국은 20% 초과분, 일본은 50% 초과분부터 증여세 과세 - 영국, 독일은 주식을 기부해도 비과세	미국은 이사회 의결로 원금도 공익사업에 사용 가능	미국, 일본 공익법인은 원하는 사업을 제한 없이 수행
사례	마크 저커버그 페이스북 최고경영자(2015년12월) "나와 아내가 가진 페이스북 주식의 99%를 기부(487억 달러, 약 56조 원)하겠다."	빌 앤드 멀린다 게이츠 재단 "최대한 빨리, 가능한 한 많은 일을 하기 위해 빌 게이츠 등이 죽는 시점부터 50년 이내 기금 소진"	테드 터너 유엔(UN)재단 이사장 "기후변화, 국제 건강, 빈곤 추방, 여성 권익 보호, 에너지 발전 등 분야 제한 없이 활동하겠다."

* 출처 : 동아일보, 2015.12.26, 「공익재단에 215억 기부했더니 140억 세금」

3. 공생의 정신, 어떻게 구현할 것인가?

지난 수십 년 고도성장기의 치열한 경쟁의 대열에서 뒤처지거나 넘어진 사람들, 혹은 처음부터 동일한 출발선상에 설 수조차 없었던 사람들을 어떻게 모두 일으켜 세워서 다 함께 나아갈 수 있는 사회를 만들 것인가?

지난 10여 년 간 우리는 양극화 해소를 위해 많은 실험을 해왔다.

복지 확대, 경제 민주화, 동반 성장, 갑질 근절 등의 사회적 화두가 모두 경제적 약자를 보듬기 위한 노력들이었다.

이러한 노력의 과정에서 얻어진 시행착오를 종합하면, 정부가 해야 할 일과 민간과 정부의 협업으로 해야 할 일로 나누어 볼 수 있겠다. 그리고 무엇보다도 법과 제도상의 접근이 아니라, 마음가짐과 문화적 접근을 해야 근본적인 해결책을 모색할 수 있지 않을까 하는 생각도 든다.

법과 제도를 통해 강제적으로 가진 자, 앞선 자들의 양보를 받아 내려고 하다 보면, 오히려 편법과 탈법을 조장하는 결과가 초래된다는 것을 우리는 이미 경험을 통해 알고 있다.

가. 지속가능한 복지가 착한 복지다

가장 큰 틀에서 어렵고 힘든 경제적 약자를 보듬는 것은 정부의 복지 정책이다.

2015년 7월부터 기초생활보장수급자들에 대한 맞춤형 급여제도가 새로 시행되어 성과를 내기 시작했다. 이른바 복지 사각지대 해소를 위한 고민을 담은 복지 개혁이 시동을 건 셈이다.

시행 이후 1년이 된 현시점에서의 평가는 긍정적이다.

생계, 의료, 주거, 교육으로 나누어 차등 기준, 차등 지급의 시스템을 가동함으로써 과거 탈수급(최빈곤층 지원대상에서 탈출하여 지원이 축소됨)을 이룬 분들이 더 막막해지는 부작용을 해소하고, 꼭 필요한 분들에게 필요한 만큼 지원하는 보다 합리적인 지원 시스템을 만들어 냈다.

이러한 복지체계의 정비와 발전은 결국 복지 재원의 문제로 귀결된다.

재원을 많이 마련하면 할수록 수혜대상의 수도 많아지고, 더 두텁게 지원할 수 있게 되어 결국 중산층까지 그 혜택을 입는 북유럽식 복지모델에 근접할 수 있기 때문이다.

종국적으로는 북유럽의 복지 선진국 스웨덴, 덴마크, 핀란드 등의 복지 수준을 목표로 한다면 적어도 30년 이상의 중장기 로드맵을 설정해야 한다.

이런 로드맵이 없이 선거 때마다 일회성의 단편적인 현금 살포형 복지 정책을 선심 쓰듯이 경쟁적으로 내놓게 되면, 체계적이지 못해 복지재원을 낭비하게 되고 종국적으로 그 포퓰리즘의 덫을 빠져나올 수 없게 된다. 더구나, 바람직한 복지체계를 설계하는데 정파적 이해관계와 정당 간 표를 의식한 전략적 접근이 개입하게 되면 그 비효율성이 위험수위로 치솟게 된다.

우리는 무상급식과 무상보육 정책이 도입되는 과정에서 숱한 부작용과 역기능, 비효율을 경험하면서 값비싼 희생과 혼란을 경험했고, 이는 아직도 진행형이다.

그래서 복지정책과 관련해서는 몇 가지 원칙을 세울 필요가 있다.

첫째, 세금을 거둘 수 있는 정도에 맞추어 복지를 점차 확대해 간다는 큰 틀의 원칙하에 30년 정도의 복지 로드맵을 세워야 한다.

지금 우리의 담세율은 약 25%이고, 사민주의를 취하

고 있는 북유럽 제국의 담세율은 약 45% 수준이다. 물론 이들 나라의 복지수준은 우리보다 훨씬 높아서, 복지혜택은 취약계층뿐만 아니라 중산층까지를 포괄하고 있다. 복지의 재분배적 기능을 활용하여 최저생활 이상의 평등을 추구하는 보편적 복지를 지향하고 있는 것이다. 그러므로 만약 이들 나라 수준의 복지를 원한다면 담세율을 30년 동안 5년 단위로 20% 정도 올릴 의지가 있는지에 대하여 국민적 공감대를 형성하는 논의부터 시작해야 한다. 5년 단임 대통령제가 유지된다고 가정하면, 6번의 정권이 한 번도 거르지 않고 3% 정도씩 증세를 해야 한다는 계산이 나오는데, 이는 엄청난 조세저항을 감당해 낼 수 있어야 가능한 일이다.

 증세는 이를 추구하는 정권의 무덤이다. 증세를 결단한 정부는 통상의 경우 그 다음 선거에서 참패를 각오해야 한다는 것이 역사의 증언이다. 따라서 장기 로드맵이 없다면 어느 정권이든 증세를 논하는 것을 금기

시한다. 결국, 선거 때마다 단편적 복지혜택, 특히 특정 유권자를 겨냥한 현금 살포형의 비효율적 복지 정책이 그럴듯한 명분을 달고 선거용 전략으로 등장할 것이고, 정권은 그 약속을 못 지키던지 아니면 무리하게 이를 실행하기 위해 증세를 시도하고 무너지는 본말전도의 나쁜 선례가 되풀이될 것이다. 더구나, 이런 식의 단편적 복지 정책이 반복되면 복지체계는 누더기가 되고, 비효율과 낭비가 심해져서 바람직한 복지체계를 잡아나가는데도 실패할 가능성이 매우 높다. 그러므로 크게 보아 '고부담 고복지'로 갈 것인지, '중부담 중복지'로 갈 것인지는 국민적 공감대 형성이 선행되어야 가능한 중요한 과제다. 이제 그 결단의 시점이 다가오고 있다.

이런 대토론의 장을 마련하는 것이 진정한 정책적 소통이요, 바람직한 정치 리더십이다.

이런 과정 없이 어느 날 갑자기 학생이 있는 가정에 현금이 10만 원씩 돌아가는 형태의 무상급식 정책을 선거 때 들고 나온 정당이 선거 전략에서는 유능한 정당이었는지는 몰라도, 책임감 있고 바람직한 리더십을 갖춘 정당이었는지는 깊이 고민하고 따져보아야 할 일이다. 앞으로 이런 정치지도자가 이끄는 정당이 어느 정당인지도 눈여겨 볼 필요도 있다.

둘째, 취약계층부터 보듬는 복지 정책이 되어야 한다.

재원이 한정되어 있다는 냉엄한 현실 때문에 너무나도 당연하고도 중요한 이 원칙이 크게 흔들리면서 우리의 복지 확충이 시작되었다.

기억하시다시피 무상급식과 무상보육 때문이다.

소득수준과 무관하게 똑같은 액수를 나누어주어야 '낙인감'이라는 폐해를 줄일 수 있다는 명분으로 시작된 이러한 시도는 '보편적 복지'라는 용어부터 오염시켜 놓았다.

당시 저자는 이런 식의 형식상의 평등은 진정으로 힘든 삶을 살고 있는 취약계층에 대한 지원과 혜택이 줄어드는 결과를 가져와 정의에 반한다는 주장을 펼쳤다. 그러나, 당시 사회분위기는 동등한 액수의 복지혜택을 계층과 무관하게 똑같이 나누어 주는 것이 앞으로 우리가 추구해야 할 '보편적 복지'의 정신인 양 호도하는 세력에 의해 주도되었다. 참으로 통탄할 일이다.

이것이 과연 그들이 말하는 정의와 진보의 가치인지 묻고 또 되물어야 할 일이다.

어려운 사람, 뒤처진 사람, 힘든 사람의 편에 서겠다는 정당이라면 선택할 수 없는 길이었다.

무상보육은 그나마 세계에서 가장 높은 저출산 현상을 극복하기 위한 고육책이라는 명분이라도 내걸 수 있지만, 이조차도 졸속시행 되면서 예산 배정을 둘러싸고 중앙정부와 지방정부의 갈등이 격화되고 있다. 좀 더 정교하게 준비해서 시행했다면 지금 겪고 있는 보육현장에서의 혼란을 피할 수 있었을 것이다.

다시 한 번 강조하거니와, 자산 및 소득 계층과 무관하게 동일 액수를 나누어주는 식의 복지 혜택은 취약계층을 역차별하는 '나쁜 복지'이며, 최소화해야 마땅하다.

그런 의미에서 2015년 7월부터 시행하고 있는 기초수급자 맞춤형 급여는 바람직한 변화이며, 이 시스템의 정신을 더욱 발전시켜 저소득층일수록 많은 혜택을 받을 수 있도록 꾸준히 개선해 나가야 할 것이다.

셋째, 근로의욕을 감퇴시키는 현금 복지는 최소화하고, 복지 재원을 사회 서비스 복지에 투자하여 일자리를 창출해야 한다.

현금복지는 최소화해야 한다. 불가피하게 해야 한다면 수급자가 최소한의 노력이라도 하는 것을 조건으로 지급해야 부작용과 낭비를 최소화할 수 있다. 이것은 복지정책의 기본 중에 기본이 되어야 하고, 만고불변의 진리이다. 일단 시행하게 되면 현금복지를 줄이는 것은 불가능에 가깝기 때문이기도 하다.

이런 의미에서 최근 서울시의 '청년수당'과 정부의 '

취업수당'의 충돌 사례는 많은 점을 시사한다. 최근 들어 상대적으로 재원의 여유가 있는 야당 지자체 단체장들이 다른 지자체에서는 재원 부족 때문에라도 시도할 수 없는 현금 살포형 복지정책을 시도하고 있다. 실의에 빠진 청년에게 도움을 준다는 명분이지만, 취업을 위한 교육 훈련에 참여하는 등의 최소한의 조건조차 없는 현금지급도 문제이고, 서울에 거주한다는 것이 특권이 된다면 또 다른 불공정을 낳는 셈이다.

> ○ '취업수당' 받다가 '청년수당' 갈아타기 속출
>
> 홍준기 기자
>
> [서울시 '청년수당' 부작용 현실화]
> 정부 '취업 패키지' 참여한 35명, 최대 580만 원 받고 중도 하차
> 서울 '청년수당' 300만 원 신청
> "지자체의 '선심성 정책'이 예산 낭비·취업 효과 떨어뜨려"
>
> 서울에 거주하는 대졸자 A(25)씨는 정부의 취업 지원 프로그램인 '취업 성공 패키지(이하 패키지)' 사업에 참가해 작년 9월부터 진로·취업 상담과 교육·훈련을 받아왔다. 이 과정에서 A씨는 프로그램 참여수당 및 훈련비 명목으로 약 580만 원을 지원받았다. 하지만 이 프로그램의 막바지인 취업 알선 단계에 있던 A씨는 "서울시의 '청년수당' 정책에 참여하겠다"는 이유로

최근 이 프로그램에서 이탈했다. 10일 고용노동부 등에 따르면 A씨처럼 서울시의 청년수당 신청을 이유로 취업을 위한 교육·훈련을 중도 포기한 사람이 35명인 것으로 파악됐다. 정부 관계자는 "지난 3일 서울시가 시범 사업으로 시작한 청년수당 정책의 부작용이 나타난 것"이라며 "지자체 취업 지원 정책이 정부 정책을 보완해주기보다는 오히려 발목을 잡는 결과로 이어질 것이 우려된다"고 말했다.

○ 재정 형편 어려운 지자체 청년들 불이익

서울시는 지난 3일 서울시 거주 청년 2831명에게 월 50만 원의 수당 지급에 착수했다. 향후 2만~3만 명 정도까지 지원 대상을 늘려나갈 방침인 것으로 알려졌다. 이럴 경우 정부의 '패키지' 사업에 참여하는 서울시 청년들이 줄줄이 정부가 주도하는 교육·훈련에서 중도 하차하는 사태가 예상된다. 국내 노동시장에 신규 진입하는 청년층 연간 약 67만 명 가운데 전국적으로 약 19만 명(2015년 말 기준·28.4%)이 패키지 사업을 활용하고 있다.

<취업성공패키지와 청년수당 비교 >

구분	취업성공패키지(정부)	청년수당(서울시)
대상	- 전국 만34세 이하(대학생은 졸업 전 마지막 학년) - 주 근로시간 30시간 미만	- 서울 1년 이상 거주한 만 19~29세 - 주 근로시간 30시간 미만
규모	19만 명(2015년 말 기준)	3000명(추후 확대 방침)
선정 기준	소득 수준, 학력 등과 무관하게 취업 의지가 있는 경우	저소득층, 미취업기간 등 고려
취업 연계성	취업 위한 교육·훈련 의무화 및 취업알선, 기업에도 채용 시 인센티브 제공	취업과 직접적인 연계성은 부족

고용노동부 관계자는 "서울시의 '선심 정책'으로 패키지 이탈자가 이어질 경우 청년들로선 실제 취업할 수 있는 기회가 지연될 뿐 아니라 정부의 청년 취업 지원 정책의 근간이 흔들릴 수 있다"고 말했다. 서울시는 "청년수당은 정부 정책 대상에서 제외된 청년들을 지원하기 위한 것"이라고 설명했지만, 이와는 반대로 정부 차원의 청년 취업 지원 정책이 서울시 정책에 발목 잡힐 우려가 있다는 것이다.

서울시는 보도 자료 등을 통해 "당장 필요한 생활비를 벌어야 해 정부의 '취업 성공 패키지' 같은 직업훈련 프로그램에 참여하기 어려운 '장기 미취업', '저소득층' 청년을 우선 선발한다"고 주장했다. 하지만 정부 관계자는 "패키지에 참여하는 기간에도 생계를 위해 주 30시간 이내 다른 일을 하는 것이 가능하고, 비정규직 등으로 일을 할 경우에는 주당 근로시간이 30시간이 넘더라도 패키지에 참여할 수 있다"고 반박했다.

고용부는 2012년 저소득층에만 지원되던 패키지를 전 계층으로 확대했다. 34세 미만 미취업 청년은 취업을 준비하는 과정에서 최대 665만 원까지 지원받을 수 있다. 교육이나 훈련 참여 수당으로 월 20만~40만 원씩 현금을 받고, 취업 훈련비용으로 200만 원(저소득층 300만 원)까지 '내일배움카드'로 쓸 수 있다. 취업 성공 시엔 성공수당 100만 원도 지급된다. 패키지 참여 청년들을 고용한 기업에 대해서도 1년간 최대 900만 원(고용촉진지원금)까지 지원해주고 있다. 기업에 인센티브를 제공해서 실제 취업까지의 기간을 최소화한 것이다. 올해 패키지 참여 청년 2만4000명을 채용한 기업들은 고용촉진지원금을 받았다.

고용부 관계자는 "서울시의 청년수당은 취업 상담이나 교육·훈련 등을 전제 조건으로 하지 않고 청년들이 수당을 어떻게 썼

는지 검증할 수도 없는 '선심성 정책'"이라며 "고용 인센티브 등 기업과의 연계 제도도 없기 때문에 실제 청년들의 취업을 돕는 효과가 떨어질 수밖에 없다"고 말했다. 서울시 관계자는 "패키지의 경우 현재 청년들의 구직 트렌드와 맞지 않는 '구식'의 취업훈련 방식이기 때문에 청년들이 청년수당을 대신 선택하는 것"이라고 말했다.

서울시 등 재정 형편이 좋은 지자체들만 선별적으로 청년수당 등의 제도를 도입할 경우 형편이 어려운 지자체에 거주하는 청년들에게는 '역차별'로 작용하게 된다는 우려도 있다.

○ EU 등은 '상호 의무 원칙' 강조

서울시의 정책은 유럽 등 선진국의 제도 개혁 방향에 역행한다는 지적이 나온다. EU(유럽연합)는 단순 생계비 지원을 하는 것보다 정부 주도 아래 지자체·기업체 등이 협력해 인턴·직업훈련 기회를 집중 제공하는 방식이 청년들의 취업을 돕는 데 더 효과적이라는 결론을 내리고 2012년 12월부터 우리 고용부의 패키지 사업과 유사한 '청년 보증 프로그램(Youth Guarantee Program)'을 시행하고 있다. 이런 원칙 아래 핀란드·스페인 등 일부 국가를 제외한 대부분의 유럽 국가들에선 고용보조금 등을 받으면 직업훈련 등을 의무적으로 받는 '상호 의무 원칙'이 적용되고 있다.

과거 유럽의 많은 국가는 청년 실업자에게 실업급여 지급 등을 골자로 하는 '현금 보조'를 위주로 하는 정책을 폈으나 이러한 정책들이 오히려 구직 의욕을 저하시키고 실업을 장기화시킨다는 비판을 받으면서 이 같은 원칙을 세웠다. 조준모 성균관대 경제학과 교수는 "현금 지원을 위주로 하는 서울시의 정책

> 은 오히려 유럽 등에서의 정책 흐름에 역행하는 것이고 청년층 취업 증진 등의 효과를 보기 어렵다"며 "일본·캐나다 등에서 지자체가 지역 특성에 맞는 고용 증진 정책을 제시하고 지방재정을 투입하면 중앙정부가 이를 매칭해서 지원하는 방식처럼 우리도 정부와 지자체가 시너지를 낼 수 있는 청년 고용 정책을 함께 협의하고 마련해야 한다"고 말했다.
>
> * 출처 : 조선일보, 2016.8.11, 「'취업수당' 받다가 '청년수당' 갈아타기 속출」

 최근 들어 최첨단 기술의 발달과 사무 자동화의 여파로 생산직 일자리가 줄어들고 단순 반복적 업무가 컴퓨터에 의해 대체됨으로써 기본소득개념을 도입하여 일정한 액수를 나누어 주자는 논의가 시작되고 있다. 유효수요를 창출하여 내수를 진작해야 한다는 절실한 필요를 이해하지 못하는 바는 아니나, 아직 우리 사회는 이러한 담론이 수용되기에는 너무 이르고 위험하다. 3D프린팅, AI로봇, 사물인터넷과 빅데이터, 무인자율주행자동차와 핀테크 등이 보편화되는 4차 산업혁명이 크게 진척되면 일자리가 대폭 감소할 것이 예상된다. 그렇지 않아도 내수시장이 빈약한 인구 5천만의 나라에서 출산율은 크게 줄어들고 고령화현상까지 겹쳐 내수 진작이 경제정책의 화두가 될 것임은 분명하다. 이러한 가까운 미래 사회상의 변화가 여러 정책적 고민을 낳고 있지만, 분명히 해 둘 것은 현금을 나누어 주는 접근법은 근로의욕 감퇴와 새로운 기술에 적응하고 이를 익히기 위한 동기부여를 어렵게 하는 부작용만을 양산할 것이라는 점이다. 앞으로 이런 세상이 오면 국민 모두 신기술이 펼치는 새로운 세상에 적응하기 위하여 온 힘을 쏟아야 비로소 국제경쟁에서 살아남아 퍼스트 무버로서의 위상을 선도해 나갈 수 있다. 최소한 신기술에 적응하기 위한 재교육에라도 참여하는 조건으로 지원이 이루어져야 할 것이다.

일자리가 줄어들고 있는 현실을 감안할 때 가장 바람직한 복지재원의 분배 방향은 사회서비스 복지영역을 확충하면서 일자리를 창출해 나가는 것이다.

물론 이렇게 창출되는 일자리는 이른바 양질의 일자리에는 다소 미치지 못한다.

그러나 장애인과 노약자, 아동·청소년, 경제적 취약계층을 보듬어 살피는 영역에서 창출되는 일자리는 일석이조의 효과를 거둘 수 있다. 예컨대 고령화로 인하여 어르신들을 보살필 필요성이 높아지고, 건강하지 못한 노년을 보내는 고령인구가 늘어남에 따라 이분들을 돌볼 간병인 등의 수요가 급격히 늘고 있으므로 보건 분야에서만도 다종다양한 사회적 일자리를 만들어 낼 수 있다. 일자리 창출과 복지수요 충족이라는 두 마리 토끼를 함께 잡을 수 있는 시스템적 투자에 가장 최우선으로 복지 지출이 이루어져야 바람직하다.

> ○ 사회복지서비스란?
> - 국가·지방자치단체와 민간부문의 도움이 필요한 모든 국민에게 상담, 재활, 직업소개 및 지도, 사회복지시설 이용 등을 제공하여 정상적인 생활이 가능하도록 지원하는 제도이다(「사회보장기본법」제3조 제4호).

- 현재 우리나라에서 실시되고 있는 주요 사회복지 서비스는 보육, 장기요양서비스, 노인요양시설, 장애인활동지원 등이 있다.

사회복지서비스산업은 그 수요 확대를 기반으로 지속적으로 일자리가 증가하고 있다. 그러나 양의 증가에 비해 그 질적인 측면은 오히려 점점 악화되고 있는 듯하다.

제조업중심의 성장이 한계에 다다르고 복지에 대한 수요 증가에 따라 사회서비스 분야의 일자리는 앞으로도 계속 증가할 것이고, 우리 정부 역시 2017년까지 고용률 70% 달성과 국민 행복 실현을 위해 사회서비스 분야의 양질의 일자리를 늘리겠다고 발표(보건복지부, 2013.7)한 바 있다.

<사회복지서비스업 취업자 수 전망>

(단위 천명, %)

	취업자 수			취업자 증감률(연평균)		
	2014	2019	2024	2014~2019	2019~2024	2014~2024
사회복지 서비스업	814	1009	1200	4.4	3.5	4.0
거주 복지 시설 운영업	136	164	200	3.8	4.1	3.9
비거주복지 시설 운영업	678	845	1000	4.5	3.4	4.0

* 참고 : 한국고용정보원, 2016

그렇지만 '일자리의 수가 늘어나는 만큼 그 질도 높아지고 있는가?'라는 질문에는 선뜻 긍정적인 답을 하기가 어려운 것이 현실이다.

한국고용정보원 발표에 따르면 2015년 8월 기준 사회복지서비스업의 일자리 중 비정규직의 비율은 무려 54.5%에 달해 전 산업 평균 37.7%에 비해 매우 높은 수치를 나타냈다.

> 또한 비정규직의 비중이 많다는 것은 임금수준과도 직결이 되어 사회복지서비스업의 평균 임금은 121만 원으로 전 산업 평균 229만 원에 크게 못 미치는 것으로 조사됐다.
>
> 사회복지서비스산업 일자리의 질적인 개선은 단순히 근로자를 비롯한 노동시장뿐만 아니라 이를 필요로 하는 사회 구성원의 삶의 질 개선에도 직접적인 영향을 끼치게 된다.
>
> 이러한 사회복지서비스산업에서 양질의 일자리를 창출하고 확대시키는 데에는 정부의 역할이 매우 중요하다. 정부가 선도적인 역할을 수행하며 민간부문과의 교류와 지원을 통해 현재 미흡한 수준의 사회복지서비스산업의 양적확대와 함께 질적 측면의 개선을 이끌어 내는 노력이 필요할 것이다.

넷째, 원칙적으로 복지 재원은 정부가 책임지되, 이른바 제3섹터, 즉 민간과의 협력이 이루어져야 한다.

증세가 현실적으로 어려운 상황에서 지금보다 두 배 정도의 세금을 내는 것이 당분간 불가능한 것이 현실인데, 그렇다고 복지의 점진적 확충을 포기하고 손을 놓고 있을 수는 없다.

그래서 주목하는 것이 민간 기부를 최대한 유도하여 그 기여분으로 현실과 이상의 간극을 메워가는 미국식 방법론이다. 사회적 양극화가 신자유주의 정책흐름 속에서 등장하였으니, 해법도 미국의 제3섹터론에서 찾아보는 것이 방법일 것이다.

○ 제3섹터의 중요성, 미국식 방법론

미국의 자선 연간보고서인 'Giving USA 2016'에 따르면 2015년의 자선기부금은 작년대비 4%가 상승한 3,733억 달러(약 415조 원)에 달했으며 미국의 기부액 물가상승분을 제하고 2010~2014년 동안 평균 3.4% 수준으로 증가해왔다.

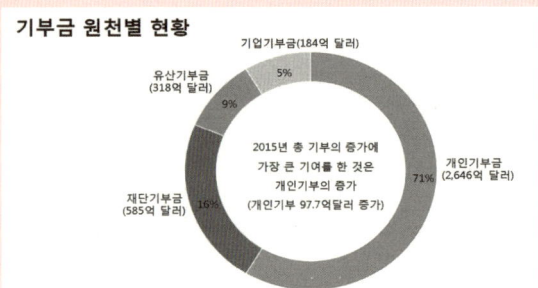

* 참고 : Giving USA 보고서, 2015

그렇다고 억만장자들만 기부에 나서는 것은 아니다. 인디애나 대학의 조사에 따르면 미국인의 70% 정도가 지난해 평균 3,000달러(약 350만 원)를 기부한 것으로 나타나 미국인이 지난해 기부한 돈은 미국 GDP의 약 2%(우리나라 약 0.5%)에 달해 GDP 대비 기부액 비율 세계 1위를 차지하고 있다.

대부분의 나라에서 정부 재정으로 책임지는 교육과 보건, 문화, 예술 분야에서 정부의 빈자리를 기부가 메우고 있다는 뜻이기도 하다.

미국은 예나 지금이나 심각한 빈부격차와 인종갈등, 높은 범죄율, 낮은 복지예산 등 사회지표를 보면 언제 망해도 이상할 것이 없어 보이지만 그럼에도 미국이 세계 최강의 국가로서 지속가능한 것은 기부문화의 영향이 있었음은 부정할 수 없다.

미국의 기부문화가 발전하게 된 배경은 미국 독립 후 사회에 남아 있는 문제들은 공공부문만으로 해결하기에 그 한계를 느꼈기 때문이다. 돈 문제에서부터 느린 행정절차에 이르기까지 이익과 거리가 먼 일들을 자본주의에 맡기는 것에 한계를 느끼게 된 것이다.

또한 유럽 귀족들에게서 '노블레스 오블리주'로 칭송되어온 덕목이 미국의 무귀족사회에서는 부유층들의 자선이라는 행위를 통해 부에 걸맞는 사회적 역할이라는 관점에서 광범위하게 실천되기 시작했다. 또 많은 수의 국민들이 기부를 선택이 아닌 의무라고 여기며 기부행위에 동참하고 있다.

이렇게 널리 퍼지게 된 미국의 기부문화는 우리나라의 기부가 재해난민구호와 교육장학금, 난치병치료 등에 집중된 것과 달리 의료, 인문과학, 예술, 학술, 인권, 안보 등 사회 전반에 걸쳐 행해지고 있다.

뉴욕의 대표적인 관광명소인 '센트럴파크'도 처음에는 황폐하기 이를 데 없었으나 1995년부터 정부의 부담 없이 자원봉사단체가 관리를 전담하며 (연 관리비 4,600만 달러의 85%를 기부 등으로 충당)지금의 센트럴파크로 자리매김하게 되었고, '도우재단'의 경우 매년 1만여 명의 기부자로부터 1천2백만 달러를

> 기부받아 국가의 역할이 없는 부분, 예를 들어 노숙자들의 알콜·마약중독 치료와 사회적응을 위한 교육을 시행하고 있다.
>
> 이처럼 미국의 기부문화는 산업의 성장을 도모하고 이를 통해 부가 축적되며 그로 인해 기부금액도 증가하는 '선순환 구조'를 선도하고 있는 것이다.
>
> 미국이라고 해서 모든 부분이 완벽한 것은 아니다. 기부와 자선이 발전하는 과정에서 개인의 비리도 발생하고 기부보다는 자신의 부의 축적에만 관심이 있는 기업가도 분명히 존재한다. 그럼에도 불구하고 미국의 일부 기업가들과 많은 수의 국민들이 펼친 기부와 자선이 미국을 성장시키고 긍정적인 방향으로 발전시켜왔음에는 이견이 없을 것이다. 그리고 우리나라 역시 기부에 대한 사회적 관심이 높아지고 있고 그 실천들이 조금씩 이루어지고 있다는 점에서 충분한 가능성과 역량을 가지고 있다.

이러한 몇 가지 복지 원칙을 감안할 때 필자가 시행을 독려했던 서울시의 '그물망 복지' 체계 중 주목할 만한 성공사례가 있어 소개하고자 한다. 다름 아닌 '희망플러스 통장', '꿈나래 통장' 사업이다.

경제적으로 매우 취약한 계층을 대상으로 하면서도 현금을 무조건 지급하지 않고 수혜자 자립의지와 노력에 연동된 지원을 기획했다. 또한 빠듯한 예산상황에 맞추어 제3섹터인 민간의 자발적 동참을 받아서 재원 문제를 해결했고, 본인 스스로의 노력으로 일어서는 자립형 복지를 목표로 했다. 그런데 그 시행결과가 매우 좋아서, 결국 중앙정부가 이를 벤치마킹해 '희망키움통장' 사업으로 단기간에 전국에 확대 시행되는 성과를 거두었다.

○ 자립에 대한 새로운 모델 제시

희망플러스 통장이나 꿈나래 통장은 가입자가 저축을 하면 서울시와 민간후원기관이 같은 액수를 추가 적립하고, 이자까지 합쳐 원금의 2.5배 정도로 불어나는 통장이다. 이는 과거 현금이나 현물을 무상지원하는 방식이 '퍼주기'식이라는 비판을 개선하려는 노력에서 나온 것이다. 또한 지방정부 자체 예산 투자를 통해 한국형 개인발달구좌(IDA)를 정책화한 최초의 사례이다.

시범사업에 참여했던 사람이 3년 만기가 되어 저축액을 수령하여, 창업자가 나왔다는 점에서 성공의 시발이 이루어졌다고 평가할 수 있다. 서울 희망플러스 통장은 2008년 100가구에 대한 시범사업을 시작한 이래 2009년 말까지 총 1만 가구, 2010년에는 1만 5천 가구로 확대해 저축을 진행하고 있다. 2011년 말 기준 저축 지속률이 94.5%에 이르고 있다. 이는 자산형성 사업이 활발한 미국(86%)보다 높은 결과이며, 희망플러스 통장 같은 자산형성 지원 사업을 실시하는 여러 나라들 가운데서도 가장 높은 수치다. 만족도는 설문조사에서도 확인되었다.

* 2009년 12월, 희망플러스통장 참가자 364명을 대상으로 한 실태조사 결과에 따르면 '긍정적 의식변화가 있었다'가 80%, '저축, 소비 습관개선'이 88%, '가족관계 개선이 이뤄졌다'가 71%였다. 서울시가 마련한 금융교육과 재무 컨설팅 만족도는 각각 87%와 80%, 문화 나눔 같은 문화관련 프로그램 만족도는 94%를 넘기도 했다.

이 사업에 투입된 예산규모가 연간 200억 내외임을 감안하면 더욱 순도 있는 효과를 거둔 것으로 평가할 수 있다.

* 서울형 그물망 복지 전반 및 희망플러스통장사업 등 개별적 복지정책의 정책형성 과정과 시행 성과에 대하여는 '서울, 복지에 미치다' 이성규 저, '서울은 불가능이 없는 도시다' 오세훈 저, '조용한 혁명' 김미라 저, '서울 행정학' 임성은 저 참조

이러한 책들과 서울시 백서 등을 통해 그물망 복지의 구체적 정책들과 철학적 기반을 체계적으로 이해하게 되면 왜 필자가 아무 조건 없는 현금 지급형 복지 정책에 시장직을 걸 정도로 거부감을 가지고 있었는지 쉽게 이해할 수 있을 것이다. 서울시 5년의 시정운영을 통하여 경제적으로 매우 어려운 시민들에게조차 최소한의 노력을 전제로 복지혜택을 부여하는 자립형 복지체계를 완성해 놓았다. 그런데 경제적 능력과 무관하게 일률적으로 아무 조건 없이 이런저런 명목으로 현금을 지

급하는 식의 정책이 봇물터지듯 터져 나오기 시작한 시점에 이를 최일선에서 저지하지 않으면 어렵게 구축한 복지체계가 완전히 무너져 내리게 된다는 위기감이 클 수밖에 없었던 것이다.

필자는 복지에 관한 한 큰 오해를 받고 있다.

무상급식 논쟁 때문이다. 다소 쑥스럽지만 이런 평가도 있으니, 독자들께서 상술한 책들을 살펴보고 그 이유를 깊이 천착해 주시기 바란다.

> ### ○ 당신네 시장은 복지에 미쳐 있소
>
> 나는 복지 전문가이므로 다른 방면에서의 그의 행동과 사고에 대해서는 말할 자격이 없다. 그의 복지에 대해서만 이야기하자면 분명 복지전문가는 아니다. 그렇지만 누구보다 복지 분야에 열정적으로 임하고 복지에 관한 의견이라면 진지하게 경청한다. 개인적으로 참 대단하다고 생각한다. 그건 나만의 느낌은 아니었나 보다.
>
> 미국 복지학의 대가인 마이클 쉬라든 교수가 한국을 방문한 적이 있었다. 그때 그는 오세훈 시장과 면담을 했다. 그는 면담이 끝난 후 내게 이렇게 말했다. "당신네 시장은 복지에 완전히 미쳐 있소." 복지학의 대가인 그의 눈에도 그렇게 비칠 정도니 더 이상 무슨 말을 하랴.

- 중략 -

 나는 오세훈 시장이 이를 간파하고 있다는데 깊은 감명을 받았다. 마이클 쉬라든 교수는 출국하던 날 밤 내게 이렇게 말했다. "여러 나라 정치인과 시장들을 만나봤지만 오 시장처럼 복지를 정확히 이해하고 추진하는 인물은 드뭅니다. 당신과 서울시는 정말 행복한 겁니다."

* 참조 - 이성규, 2010

나. 사회적 자본은 공생의 알파요, 오메가다!

 자, 이제는 정부와 민간이 함께 노력하는 '사회적 대타협'과 '사회자본(social capital)' 형성을 통한 소프트웨어적이며 문화적인 해결방안 마련이다.

 우리는 지난 10여 년간 경제 민주화 내지는 갑질 근절이라는 목표를 세우고 대기업과 정규직에 비해 여러 면에서 열악한 경제적 약자들, 즉 중소기업과 골목상권의 자영업자들, 비정규직을 어떻게 보호할 것인가를 놓고 구체적으로 법적, 제도적 해결책을 고민해 왔다.

 그러나 성과는 미흡했고 시행착오의 연속이었다.

골목상권을 보호하기 위해 대형마트의 주말 휴무제를 도입했지만 결과적으로는 전통시장의 매출신장에 도움이 되지 않았을 뿐만 아니라 오히려 산지 출하의 물량만 감소시키는 부작용이 발생했다. 비정규직 보호를 위해 2년을 초과하여 기간제 근로자를 사용하면 그 근로자는 기간의 제한이 없는 근로자로 본다는 규정이 생기자, 2년도 되기 전에 계약을 종료시키는 사례가 속출하고 오히려 쪼개기 계약이 성행하는 탈법이 기승을 부려 우리를 실망시키고 있다.

 또, 대기업의 일감 몰아주기에 철퇴를 가하여 중소기업을 보호하고자 하였으나 규제 대상에 속하지 않는 계열사 중 절반가량은 물량이 오히려 늘어나, 역시 법안의 실효성이 의문시 되고 있다.

 법은 그 적용을 피해가려는 자들을 이기기 힘든 것이 냉엄한 현실이고, 경제 현장의 자연스러운 흐름을 법으로 규제하려 하면 예상치 못한 부작용이 발생해서 우리를 당혹스럽게 한다.

○ 대형마트 규제 관련

대형마트와 기업형수퍼마켓(SSM)의 성장으로 주변의 전통시장과 중소상인의 어려움이 가중된다는 주장에 따라 대형마트와 SSM의 영업시간을 제한하고 의무 휴업일을 지정할 수 있도록 하는 「유통산업발전법」을 개정하였다.

- 시장·군수·구청장은 대형마트와 SSM에 대해 오전 0시부터 오전 10시까지 범위에서 영업시간을 제한할 수 있고,

- 매월 2일, 공휴일을 의무휴업일로 지정할 수 있도록 함.

이와 관련해 대법원 전원합의체는 작년 11월 대형마트와 기업형 수퍼마켓(SSM)의 영업시간을 제한하고 의무휴업일을 지정한 지방자치단체의 처분은 정당하다는 판결을 내리기도 하였다.

그렇지만 대형마트에 대한 규제가 전통시장과 중소상공인에게 실질적인 도움을 주지 못하고 있다는 주장도 나오고 있다.

'대형마트 휴무제에 따른 농업분야 파급영향과 대응방안(한국농촌경제연구원(KERI) 김병률 선임연구위원, 2016)'이라는 연구결과에 따르면 대형마트 영업규제가 산지출하조직의 판로 위축과 생산규모 축소는 물론 소득감소에 따른 농가와 생산자 피해로 이어진다면서 대형마트 영업규제 이후 산지출하조직의 납품물량은 평균 33% 감소하고, 대형마트와 다른 유통경로와의 납품단가는 25% 하락한다고 밝히고 있다.

또한 대형마트는 단순히 물품을 구매하는 공간뿐 아니라 쇼핑과 함께 외식, 문화소비를 할 수 있는 나들이 공간으로 인식하

고 있기 때문에 주말에 대형마트 영업을 못하게 해도 전통시장으로 가지 않는다는 지적이다.

이에 대형마트 휴무일 선택을 자율화하고 제도 시행으로 부득이 반사적 피해를 입는 생산출하조직 보호를 위한 배려가 필요할 것으로 판단된다.

○ 비정규직의 정규직 전환 관련

「기간제 및 단시간근로자 보호 등에 관한 법률」

제4조(기간제근로자의 사용) ① 사용자는 2년을 초과하지 아니하는 범위 안에서(기간제 근로계약의 반복갱신 등의 경우에는 그 계속근로한 총기간이 2년을 초과하지 아니하는 범위 안에서) 기간제근로자를 사용할 수 있다. 다만, 다음 각 호의 어느 하나에 해당하는 경우에는 2년을 초과하여 기간제근로자로 사용할 수 있다.

1. ~6. (중략)

② **사용자가 제1항 단서의 사유가 없거나 소멸되었음에도 불구하고 2년을 초과하여 기간제근로자로 사용하는 경우에는 그 기간제근로자는 기간의 정함이 없는 근로계약을 체결한 근로자로 본다.**

우리 법에서는 기간제근로자가 2년을 초과해 근무하는 경우 무기계약으로 전환하도록 규정하고 있지만, 공공기관을 비롯한 사업장에는 여전히 2년 미만 근로자의 계약 종료, 정규직 전환을 회피하기 위한 쪼개기 계약 등이 아직도 만연하게 이루어지고 있다.

지난해 한 지차제의 공공기관은 기간제 직원 44명 중 35명은 연장이 안 되는 11개월로 근로계약을 맺어 퇴직금을 받지 못하게 하였고, 나머지 9명도 법에 의해 무기계약직으로 전환되는 2년을 한 달 앞둔 23개월로 계약이 끝나도록 하는 등 편법을 자행하다가 논란을 일으키기도 하였다.

고용노동부에 따르면 2년이 되기 전 계약이 종료된 기간제근로자 비율은 2011년 49.5%, 2012년 51.7% 등 매년 증가했고, 2015년에는 72%로 급등함. 반면 정규직 전환율은 2011년 23.8%, 2012년 27.9%로 오르다 2014년 20.8%, 지난해 15.9%로 떨어지고 있는 추세이다.

< 기간제 근로자 계약 만료시 조치 현황 >
- 1년 6개월 이상~2년 미만; 고용노동부

(단위 : %)

연도(년)	계약종료	정규직 전환	계속 고용
2011	49.5	23.8	26.2
2012	51.7	27.9	20.4
2013	53.4	25.6	21
2014	58.6	20.8	20.5
2015	72	15.9	11.9

○ 대기업 일감 몰아주기 관련

지난해부터 일감몰아주기 규제 대상 대기업의 내부거래 금액이 60% 가까이 줄었지만 규제대상에 속하지 않는 계열사 중 절반가량은 오히려 늘어나 법안의 실효성이 높지 않은 것으로 나타났다.

기업경영성과 평가사이트 'CEO스코어'에 따르면 실제로 내부거래 전체의 금액은 줄었지만, 2012년 대비 지난해 내부거래금

> 액이 늘어난 기업은 51.4%로 절반이 넘었다.
>
> 이는 대기업의 내부거래를 줄이고 오너일가 특혜를 줄이기 위해 시행된 규제가 제 역할을 하지 못하고 있음을 보여준다고 할 수 있다.
>
> 대기업들이 법망을 피하고 규제범위를 벗어나기 위해 오너일가 지분을 기준치 이하로 줄이거나 합병, 상장 등을 통해 감시망을 벗어났을 뿐 대기업의 내부거래를 줄이고 오너일가의 편법적인 부의 이전을 막자는 취지가 실질적 효과를 거두지 못한 것이다.

그래서 필자의 고민이 시작되었다.

법적, 제도적 접근이 해법이 되기는커녕 오히려 어려운 사람들을 더 어렵게 만드는 어처구니없는 모습을 보면서, 역시 법은 문화의 하위개념이라는 생각을 하게 된 것이다.

마음가짐을 바꾸고 생각을 바꾸는 소프트웨어적 접근법이 전제가 되지 않는 법적 해결책은 무력하기 그지없었던 것이다.

1) 가진 자의 양보와 희생

● 재벌, 존경받을 수 있다

대기업과 국민간의 공생방안 : 한국형 발렌베리 기업모델
- 기업의 경영권·의결권과 부(富)의 사회적 환원 간 빅딜
가능한 시스템 만들어야

우리에게 대기업은 자부심이자 걱정거리이다. 내심 우리 집 아이들이 열심히 공부해서 대기업에 다니길 바라기도 하고 해외 여행길에서 낯설지 않게 마주치는 대기업 광고판을 뿌듯하게 바라보기도 한다. 반면 대기업 총수일가의 횡령, 형제간의 볼썽사나운 경영권 다툼, 하청업체 납품단가 후려치기, 벤처기업이 수년간 시간과 노력을 투자해 개발한 미래형기술의 헐값 탈취 등 대기업의 일탈행위가 불거져 나올 때면 재벌 개혁에 대한 국민적 요구가 거세진다.

지난 수십 년 국가적 지원 속에서 세계적인 글로벌 기업으로 성장해온 재벌 대기업들은 한국경제를 성장시켜 왔고 여전히 견인차 역할을 하고 있다는 커다란 공(功)과 함께 압축성장 과정에서 나타난 온갖 부작용의 양면을 모두 가지고 있다. 그래서 국민들이 재벌대기업을 바라보는 시선은 복잡하기 이를 데 없다. 이제 장기적 침체와 저성장에서 헤어 나오지 못하고 있는 한국경제를 되살리기 위해서라도 국민-대기업간 공생(共生)하는 패러다임의 대전환이 필요할 때다. 여기서 스웨덴 발렌베리 그룹 사례를 통해 대기업이 가진 부(富)의 사회적 환원이라는 대전제 아래 안정적인 경영권 승계를 대신 보장하는 '국민적 대타협'을 통한 공생의 해법을 찾아보고자 한다.

▶ 국민의 존경을 받는 발렌베리 기업문화는 어떻게 탄생했나?

발렌베리 그룹은 우리에겐 자동차 회사인 사브(SAAB), 면도기와 가전제품을 생산하는 에릭슨 등의 브랜드로 잘 알려진 스웨덴의 기업그룹이다. 스웨덴 국내총생산의 무려 30%를 차지하는 스웨덴의 최대 기업집단이다. 그들은 우리나라 재벌처럼 엄청난 자산규모의 독점적 지위를 가지고서 스웨덴의 국민 경제를 이끌고 있다. 그러나 발렌베리 가문을 대하는 스웨덴 국민들의 태도나 마음은 우리나라 재벌에 대한 그것과는 완전히 상이하다.

오늘날 스웨덴 국민 다수로부터 최고의 존경과 사랑을 받는 발렌베리 기업가문의 탄생에는 몇 가지 중요한 계기가 있었다. 첫째는 1938년 극심한 노사분규를 겪은 끝에 사민당 정부의 중재아래 노동조합-정부-사용자단체 3자간에 체결된 '살트세바덴 협약'이다. 이 협약을 통해 발렌베리 등 거대 자본가 가문은 투자와 고용 그리고 고세율 복지국가 건설에 동참하는 대신 영구적인 기업 소유·지배권을 인정받게 된다.

둘째는 발렌베리 공익재단이다. 발렌베리 가문 구성원들은 거의 전 재산을 출연해서 크누트-앨리스 발렌베리 재단을 시작으로 20여 개에 이르는 발렌베리 공익재단을 설립했다. 재단을 통해 발렌베리 기업의 영구적인 경영권을 확보하는 대신 가문의 전 재산을 사회에 환원한 것이다. 현재 발렌베리 가문 구성원이 직접 보유한 발렌베리 기업의 주식 비중은 겨우 0.5% 남짓에 불과하다.

셋째는 발렌베리 가문의 '노블레스 오블리주'라고 할 수 있다. 발렌베리 가문은 전 재산을 국가와 사회에 환원했을 뿐만 아니라 발렌베리 가문 구성원 누구도 탈세나 횡령, 사생활 문제로 사회적 문제를 일으킨 적이 없는 모범적이고 기품 있는 가문의 권위를 오랜 기간 만들어 왔다.

> **○ 가문재산의 환원에서 기업이윤까지 환원**
> 발렌베리 가문은 그들의 전 재산을 발렌베리 공익재단에 출연하는 대신 재단을 통한 안정적인 경영권의 세습을 보장받았다. 크누크-앨리스 재단, 마리안-마르쿠스 재단, 마르쿠스-아말리아 재단 등 3개 재단이 수십 개의 발렌베리 기업의 지주회사

인 인베스트로(Investro)를 지배하는 피라미드형 소유지배구조를 유지하고 있다. 발렌베리 3개 재단이 실제로 소유한 인베스트로 지분은 23.2%에 불과하지만 '차등의결권'을 활용하여 의결권이 과반을 넘는 50.01%에 이른다. 에릭슨(Ericsson) 기업의 경우 2004년 이전까지 최대 1:1000까지 허용하는 차등의결권을 인정함으로써 해당기업에 대한 어떠한 형태의 인수합병(M&A)도 불가능하게 함으로써 안정적인 경영권을 보장해주었다.

기업의 경영활동을 통해 창출된 기업이윤조차 국가와 사회에 환원하는 것은 발렌베리 그룹의 또 다른 특징이다. 발렌베리 그룹은 매년 벌어들이는 그룹 이익금의 85%를 법인세로 납부하고 재단의 수익금 전액은 공익재단을 통해 국가 운영에 필요한 사회사업, 연구·개발(R&D), 도서관 건립, 서민층 학자금 지원 등 사회공헌 활동 및 사회간접자본에 모두 투입하고 있다. 다시 말해 발렌베리 그룹이 벌어들이는 수익은 특정 가문의 부로 축적되는 것이 아니라 나라의 부로 환원되어 공익목적에 사용되고 있는 것이다.

한국형 발렌베리 기업모델은 어떻게 만들어질 수 있나?

발렌베리 기업모델의 핵심은 대기업과 국민들 사이의 믿음과 신뢰를 바탕으로 하고 있다는 것이다. 기업을 지배는 하지만 소유하지는 않겠다는 원칙 아래 발렌베리 가문의 선행적인 재산의 사회적 환원이 있었고 이에 대해 국민들은 안정적인 경영권 세습을 약속함으로써 이른바 국민적 대타협을 이뤄낸 것이다.

한국사회에서는 부의 세습과 대물림에 대하여 국민들의 시선이 매우 부정적이다. 그 때문에 한국의 기업 상속 환경은 녹록치 않다. 한국에서 자식에게 기업을 물려주자면 최고세율 50%에 이르는 상속증여제도로 인해 재산의 상당 부분을 세금으로 내야하고, 경영권 행사가 어려워진다. 이 때문에 매출증대와 사업 확장 등 기업가 정신은 뒷전이고 온갖 편법상속에 골몰하게 되는 것이 우리 재벌들의 현실이다. 이로 인해 태어날 때부터 0세 손자손녀 주식부자를 만들고 자녀가 대주주로 있는 비상장 회사를 그룹의 일감 몰아주기를 통해 상장시키는 편법적인 상속증여를 하고 있는 실정이다. 이런 비정상적인 상태를 언제까지 두고 볼 것인가?

대기업 오너 가문에서 선행적으로 그의 전 재산을 사

회에 환원하고 기업이윤 또한 공익적 활동에만 사용하도록 하는 대신, 오너 가문의 안정적인 경영권 보장과 세습, 상속증여세 100% 면제 등을 보장하는 사회적 대타협이 가능할 수도 있을 것으로 생각한다.

 다시 말해 사회는 기업에게 합법적인 부의 상속만으로도 경영권 확보가 가능한 환경을 제공하는 대신, 대기업은 창출한 부를 공익재단을 통해 국가발전에 쓰도록 적극 나서 국민 전체의 삶의 질 향상에 기여하도록 하자는 취지이다.

 이를 위해서는 기업이 편법·탈법적인 부의 세습과 이전을 할 것이 아니라 부의 사회적 환원이라는 결단을 흔쾌히 내릴 수 있도록 사회적 분위기와 시스템을 만들어야 한다. 즉 오늘날 자신들을 있게 해준 대한민국에 보답할 방안을 고민하는 대기업 오너들이 명예롭게 사회에 공헌을 하는 법적, 제도적 환경조성이 절실하다. 날로 심화되는 사회 양극화를 해소하고 불어나는 복지 수요를 감당하자면 국민과 기업 모두 발상을 바꿔야 할 때이다.

이러한 주장의 일부분을 떼어내서 과장하고 오해하면 지나치게 대기업 오너의 경영권 보장에 치우친 해법이라는 비판이 가능할 수도 있다. 그러나 우리가 목표로 하는 바는 기업이 매출을 늘리고 새로운 투자를 계속하여 일자리를 창출하도록 유도하는 것이다. 로빈 후드처럼 부자가 가진 것을 강제로 받아내서 가난한 사람에게 나누어주는 것이 아니라, 일을 하고 싶어도 할 기회를 가지지 못하는 사람들에게 일할 기회를 만들어주는 것이 되어야 한다. 사업이 잘 되도록 도와서 이익을 많이 내도록 하고, 이를 바탕으로 세금을 더 거두어 어려운 사람을 돕고, 이것이 유효수요를 창출하여 내수가 살아나고 경기가 좋아지는 선순환 구조가 최상이다.

기업의 수익을 강제로 환수하자는 것도 아니요, 사회적 압력 때문에 마지못해 부를 사회에 환원한다는 느낌을 주어서도 안 된다. 사회적 분위기와 시스템이 숙성되면 기업인들은 명실상부한 존경을 받는 길을 택할 것이고, 자본주의가 부익부 빈익빈의 악순환을 부르는 도구가 아니라 국민 모두를 위한 시스템이 될 수도 있다는 공감대를 만들어 갈 수 있을 것이다. 패러다임의 전환은 순식간에 온다.

재벌기업 중 한 군데만이라도 발렌베리처럼 솔선수범하면 사회적 분위기는 확 바뀔 것이다.

▶ 상속증여제도 개선 방안

상속세율을 낮추는 것에 대한 국민적 거부감이 높은 실정이다. 대부분의 국민들은 면세범위에 속해 상속세를 거의 낼 필요가 없다. 따라서 상속세율을 조정하는 것이 아니라 사회 환원적으로 될 수 있도록 바꿔줄 필요가 있다.

공익법인 출연지분에 대한 비과세 한도 상향을 적극 검토해야 한다.

현재 공익법인 출연에 대해서는 5~10% 한도 내에서 100% 상속증여 비과세를 하고 있다. 교육, 사회복지, 문화, 예술 등 비영리 공익법인에 대한 주식 소유 한도를 최대 20%까지 상향하고 이후 순차적으로 조정해 나가는 방안을 검토할 필요가 있다.

아울러 상속증여세에 해당하는 만큼의 자사주를 공익법인에 출연하는 방안도 검토할 수 있다. 미국 포드자동차 등에서 적용된 바 있는데 공익법인에 상속증여세만큼의 자사주를 출연하는 것을 허용함으로써 재산의 사회적 환원의 취지는 살리되 기업의 의결권은 유지시켜 안정적인 경영권 행사를 보장하는 방안이다.

> ○ **"재단통한 승계 허용해서 고용-분배 역할 맡겨야"**
>
> "현재 한국의 시스템은 가족경영의 씨를 말리도록 설계돼 있다. 65%의 상속세를 다 내면서 경영권을 승계할 방법은 없다."
>
> 신장섭 싱가포르 국립대 교수는 6일 서울 영등포구 여의동 국회에서 새누리당 김종석·유민봉·강효상 의원 주최로 열린 세미나에서 '미국 경제 민주화 실패의 교훈, 트럼프 현상의 뿌리

와 한국경제의 대안'이라는 주제발표를 통해 이같이 주장했다.

신 교수는 이어 "가족경영이 없어져야 한국경제가 좋아진다는 이론도 실증이 없다"면서 "개인적으로 재벌에게 재단을 통한 승계가 가능하도록 허용하면서 재단과 계열사에 '투자-고용-분배'의 주체로서 역할을 맡겨야 한다고 생각한다"고 주장했다.

그는 상속세 문제와 관련, "상속세를 걷는 목적은 그 돈을 정부가 공익을 위해 쓰겠다는 것"이라며 "정부가 한 번 쓰고 말 것이 아니라 재단을 통한 승계를 허용하면서 지속적으로 공익에 이바지할 수 있는 길을 열어주는 것이 낫다"고 말했다.

그는 경제 양극화의 원인을 모두 재벌체제로 돌리는 '경제민주화 입법'들의 단선적 시각을 비판했다. 그는 "'1주 1의결권'을 상법에서 강제하는 것도 한국이 전 세계에서 유일한 나라인데 더 나아가 재벌 관계자와 공익법인에 대해서는 주식에 딸려있는 투표권조차 제대로 인정하지 않고 있다"면서 "재산권의 본질을 침해할 정도로 유례없는 규제를 시행해야 하는지에 대한 근거는 법안에서 전혀 제시하지 않고 있다"고 말했다. 그는 이어 "단지 '재벌 오너의 탐욕'이 한국경제를 나쁘게 만들었으니까 강력한 새로운 조치를 도입해야 한다는 전제만을 가지고 있을 뿐"이라고 꼬집었다.

그는 한국에서의 대안 없는 전문경영체제가 분배 악화를 가져올 수 있다고도 경고했다. 그는 "지금처럼 금융투자자들의 힘이 막강한 상태에서 아무런 대안 없이 전문경영체제만 만들어 놓으면 미국처럼 분배가 크게 악화될 가능성이 크다"고 지적했다.

신 교수는 국민경제의 조화를 위해서는 기업자금으로 가능한 투자를 하려는 주체와 돈을 빼내 가려는 주체 간에 균형이 잡혀야 한다고 강조했다. 그는 "외국인 투자자나 일반 기관 투자자들에게 생산적 투자의 후원자가 되기를 기대하는 것은 불가능하다"면서 "이들은 자신에게 돈을 맡긴 고객의 투자수익 요구에 따라 이익을 가능한 한 많이 빼내려고 한다. 이들은 미국에서 '1% 대 99%' 구도를 만드는 주체였다"고 꼬집었다.

* 출처 : 문화일보, 2016.9.7, 「한국 시스템, 가족경영 씨 말리고 있다」

▶ 경영권 보장 방안 : 차등의결권

공익재단에 전 재산을 출연하고 난 기업의 경영권을 안정적으로 보장해주기 위한 방안중의 하나는 '차등의결권'을 활용하는 방법이다. 황금주라 불리는 단 1주의 주식만 가지고 적대적 인수합병을 막아내는 방법도 있고, 1대 10 또는 1대 1,000의 비율로 의결권에 차등을 두는 방법도 있다.

유럽의 경우 차등의결권이 기업의 경영권 보장을 위해 많이 사용되고 있는데 네덜란드부터, 사실상 차등의결권을 폐지한 것에 가까운 벨기에, 독일에 이르기까지 폭넓고 다양한 방법으로 활용되고 있다.

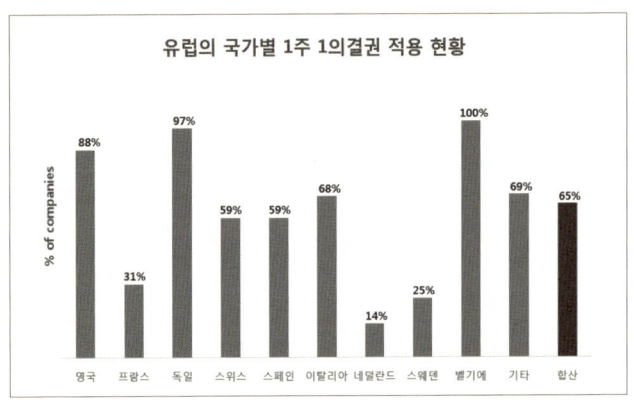

 한국 기업에 대한 외국인 주식 비중이 평균 30%를 상회하는 상황에서 주주가치 훼손 등을 내세운 투자자 반발 등이 예상되는 만큼 차등의결권을 당장 적용하기에는 한계가 있는 것이 사실이다. 상법에서도 1인1주, 주주평등의 원칙을 분명하게 하고 있기 때문이다.

 그러므로 기업이 가진 부의 사회적 이전에 대한 경영권 보상이라는 측면에서 차등의결권을 어떻게 도입할 것인지에 대한 논의를 시작하여 이에 따른 상법 개정을 검토할 필요가 있다.

 국민연금 등 공적 연기금들이 안정적인 경영권 행사

및 승계를 보장하는 흑기사 역할을 하는 방안 또한 적극 검토해 볼 수 있을 것이다.

▶ 중소 벤처 기업에 대해 차등의결권 허용하는 방안

우선 적대적 M&A의 위협에서 벗어나 자금력이 약한 중소, 벤처 기업들이 활발하게 증시에서 자금을 조달하기 위한 것이라면, 이들을 위한 차등의결권 도입을 적극 검토해 볼 수 있다. 대기업이나 거대한 규모의 헤지펀드가 압도적인 자금력을 가지고 경영권을 빼앗으려고 할 때 자금력도 기업네트워크도 없는 중소기업은 위기에 내몰리게 된다. 그러므로 기술은 있지만 자금이 모자라는 벤처기업들이 경영권 위협을 신경 쓰지 않고 증시에서 자금을 조달해 투자는 받되, 경영권이 보장되는 방안을 마련해 줄 필요가 있다. 이렇게 되면 미래형 기술의 헐값 탈취와 같은 일은 벌어지지 않을 것이다.

우리가 다 알고 있는 구글, 페이스북 등도 기업공개 때 차등의결권의 하나인 테뉴어 보팅을 적극 활용했다.

> ○ **구글의 차등의결권**
>
> 구글의 경우 2004년 상장 당시 1주당 1개의 의결권이 있는 A주식과 1주당 10개의 의결권이 있는 B주식 등 2가지 종류로 발행, 회사 최고경영자는 B주식을 다량 보유하는 방식으로 20% 내외의 지분율로 75%에 육박하는 의결권 행사
>
> ※테뉴어 보팅(Tenure voting) : 적대적 인수합병을 방지하고 기업의 경영권을 보장하기 위한 차등의결권 제도중의 하나로 기업의 장기 발전을 지지하는 투자자들에게 지분 보유기간동안 차등의결권을 부여하는 제도

● 노조, 사랑받을 수 있다

노조와 국민간의 공생방안

"우리 당이 당장 노조설득에 나서야 한다. 10%의 '조직노동'은 우리 사회의 상위 10%가 됐고, 90%의 노동자 또는 노동시장에 진입조차 못한 자들은 거대한 사각지대가 됐다. 상위 10%의 조직노동을 양보와 타협의 길로 이끄는 것은 바로 우리 당이 해야 할 일이다."

"자본에 고개를 숙이는 것도, 한국노총의 뒤통수를 치

자는 것도 아니다. 노조에 의해 포획당한 정당이란 오명을 벗어야 한다."

이 말은 다름 아닌 새정치민주연합 이동학 혁신위원의 고백이다.

2015년 8월 정부여당의 노동개혁 핵심인 임금피크제의 수용을 야당이 반대하자 그 수용을 촉구하며 나온 이 말에, 노동계 공존과 상생의 모든 문제의식과 해법이 들어있다.

"우리 조합원의 평균임금이 높다는 걸 이제 모두 안다. 사회의 상위 20%에 들고 중심부는 상위 10%에 든다. 그래서인지 의사협회 파업 때처럼 민중 속에서 적개심마저 싹트고 있다."(매일노동뉴스, 노동운동의 눈과 심장을 민주노총 바깥으로 옮겨야 한다)

이 말도 다름 아닌 한석호 민주노총 사회연대위원장의 말이다.

"대기업, 금융, 공공기업을 주축으로 한 한국의 노동

조합은 사회적 약자가 아니라 강자의 무기가 돼 사회 양극화의 주범이 되고 있다."(김대호, 한국노조는 슈퍼 울트라 갑, 미래한국)

이런 말들을 비롯하여 노조 기득권이 소득 양극화의 주요 원인임을 지적하는 통렬한 반성을 보고 있자면 참으로 격세지감을 느끼게 된다.

한국 기업의 노조 조직률이 10%에 불과하고 이 10%의 노동 조직이 거의 우리 사회의 소득 상위 20% 내에 들게 되었는데, 이 10%의 노조가 중소기업을 포함한 전체 근로자, 비정규직 혹은 취업준비생의 이해를 충실히 대변할 수 있겠는가를 생각해 보면 결론은 자명하다. 더구나, 이 소득 상위 20%가 전체 소득의 절반 이상을 가져간다는 통계에 이르면 누가 어떤 양보를 해야 공존과 상생의 가치기 지배하는 사회가 되는지 긴 설명이 필요 없을 것이다.

○ 한국 노조는 슈퍼 울트라 甲(갑)

김대호 사회디자인연구소장

고용노동부가 발표한 '2014년 전국 노동조합 조직현황' 자료(2015.11.18)에 따르면, 2014년 말 기준 노동조합 조합원수는 190만 5천 명으로 조직률은 10.3%(조직대상 1,842만 9천 명)다.

- 중략 -

한국의 노동조합이 사회적 약자의 무기가 아니라, 강자의 무기라는 것을 보여주는 증거 중의 하나는 사업체 규모별 노조 조직률이다. 임금근로자 30명 미만 사업체의 노조조직률은 1.0%, 30~99명은 2.0%, 100~299명은 8.6%, 300명 이상은 47.7%다.

- 중략 -

한편 조합원 수 별로 노동조합 분포를 보면, 조합원 수 50인 미만 노동조합은 전체 조합 수의 51.1%(2,753개)를 차지하지만 조합원 수는 2.5%(46,734명)에 불과하다. 반면 조합원 1,000인 이상인 노조는 수적으로는 4.4%(236개)에 불과하지만 조합원 수로는 73.0%(1,390,474명)를 차지한다. 전교조처럼 초기업 단위 노동조합으로 조직된 조합원이 1,077천명(전체 조합원 수의 56.5%)에 이르기 때문이다.

- 중략 -

허재준이 작성한 '한국 노동시장의 부문별 차이'에 따르면, 2014년 기준 '대기업&유노조&정규직' 근로자 수는 136만 명인데 평균 월급은 392만 원이었다. 반면에 '중소기업&무노조&비정규직' 근로자 수는 485만 명인데 평균 월급은 134만 원으로 대략 3분의 1 수준이었다. 근속연수는 13.4년 대 2.3년, 신규채용률은

6.2%대 54.4%였다.

- 중략 -

조합원 15만 명의 전국금속노조의 경우 현대자동차(46,977명), 기아자동차(31,432명), 한국GM(14,016명), 만도(2,376명) 등 완성차 회사 및 부품사와 조선회사, 철강 회사 등이 주력인데, 국제적으로는 무한 경쟁을 하지만 국내적으로는 협력업체에 대해 압도적 우위에 있는 '슈퍼 갑(甲)'들이다. 민주노총이 좀 심하긴 하지만 한국노총, 국민노총, 미가맹 노조의 성분도 그리 다르지 않다.

정규직-비정규직, 원청(갑)-하청(을), 생산자-소비자 등으로 구성된 산업·업종 노동자 및 이해관계자 전체의 지속가능한 공생(균형) 발전을 의식하는 노조는 어디에도 없다. 노조의 철학, 가치, 조직형태상 불가능하다.

- 중략 -

노조는 슈퍼 갑 혹은 갑 기업 사용자와 담합하거나, 이들을 겁박하여 전후방 가치생산 사슬(협력업체, 비정규직, 사무기술직, 소비자, 미래세대 등)이 가져가야 할 잉여를 과도하게 빨아들여 가치생산 생태계를 피폐하게 만드는 데 일조했다. 결과적으로 양극화의 완화가 아니라 촉진자처럼 되었다.

노동3권의 대전제는 노조가 산업적, 계급적 연대성을 발휘하여 사회적 약자를 보호하고, 사회 양극화를 완화하는 기능을 한다는 것이다. 그런데 한국 노동조합은 이 대전제가 성립하지 않는다. 노동3권을 헌법 조문에서 빼야 한다는 얘기가 아니라, 노동3권의 취지를 살리기 위해서는 하위 법률을 재개정해야 한다는 얘기다.

한국에서 노조의 정치적, 경제적, 사회적 영향력은 그 조직률보다 월등히 크고 강하고 치명적이다. 노조는 공무원과 더불어 지독한 비정상을 정상으로 간주하는 시대착오적 고용노동시스템(표준, 패러다임, 철학, 가치, 관행 등)을 통해 5,000만 국민의 고용임금 사정을 훨씬 악화시키기 때문이다.

○ 노조의 힘이 막강해진 이유

한국에서 노조의 힘이 이렇게 커진 것은 일차적으로는 공공부문과 노동관계법이 이를 제어하기는커녕 편승하고, 공고화하고, 확산하기 때문이다. 단적으로 한국의 노동관계법은 일단 관문만 통과하면, 즉 정규 직원만 되면 대과가 없는 한 정년이 보장되고, 별거 아닌 일을 해도 임금은 근속연수와 단체교섭을 통해 가파르게 올라가는 것을 능사로 여겨 왔다.

또 파업 시 공장 점거가 가능하고, 일부 산업·업종을 제외하고는 대체인력 투입이 불가능하다. 사실상 파업에 대한 대응수단이 없다. 그래서 대기업과 공공부문에서는 노조가 압도적으로 힘의 우위에 있고, 중소기업에서는 그 반대다.

또 조직된 이익집단이 별로 없는 한국 정치 현실에서, 유일하게 조직된 집단으로서, 국회 의석의 절반 가까이 차지한 진보 정치세력에 엄청난 영향력을 행사한다. 그런데 더 나쁜 것은 대통령과 국회의원은 자타가 공인하는 힘센 사람으로 알려져 있고, 그만큼 사방으로부터 견제, 감시, 질타를 받는데, 노조와 공무원은 이들 뒤에 숨어 있다 보니, 이들의 힘에 상응하는 견제, 감시, 질타를 받지 않는다는 것이다.

그런 점에서 국가 규제(진입장벽)와 우월적 지위를 기반으로

> 생산성에 비해 월등히 높은 근로조건을 누리는 공공부문, 독과점 산업, 규제산업 및 면허직업의 고용임금 수준을 상세히(분위별로) 인터넷에 공개하도록 의무화해야 한다.
>
> 또 노조가 압도적으로 힘의 우위에 있는 산업, 기업의 경우, 철도나 병원 등 필수공익사업장에 단체행동 관련 제한을 두듯이 일정한 규제(대체인력 투입 관련 규제 완화 등)를 가할 필요가 있다.
>
> *출처 : 미래한국, 2016.8.3 「한국 노조는 슈퍼 울트라 甲(갑)」

2) 신뢰와 투명성

한 사회의 지속가능한 발전은 그 사회가 가진 역량의 총합이 잘 어우러질 때 가능하다.

그리고 특히나 중장기적 관점에서 지속적인 경제 발전을 위해서는 꾸준한 투자, 특히 연구개발(R&D) 분야의 투자와 인적자원의 역량강화를 위한 투자가 가장 중요한 필요조건이 된다.

그런데 이 두 부분에 대한 우리나라의 투자수준이 그리 열악하지 않음에도 불구하고, 비슷한 투자를 하는 나라들에 비해 경제성장이 상대적으로 둔화되는 현실을 바탕으로 분석해본 결과, 이 투자가 시너지효과를 내기 위해서는 높은 수준의 신뢰와 투명성이라는 사회자본이 필요하다는 결론에 이르게 되었다.

우리는 매일 아침 TV와 라디오, 신문과 인터넷 등 다양한 매체를 통해 각종 소식들을 접한다. 또 이렇게 알게 된 뉴스는 SNS 등을 통해 끊임없이 전파되며 확대재생산된다. 정치적인 색채가 분명하게 드러나는 TV 패널들의 의견에 더해 SNS나 인터넷 댓글 등을 통해 나타나는 정치적, 사회·경제적 성향을 살펴보면 사회 전반적으로 이질감과 불신이 도를 넘고 있다. 이렇게까지 상대를 인정하지 않음은 물론 서로 비난하고 믿음을 가지지 못하면서도 이 사회가 유지되는 것이 신기하다고 여겨질 정도이다.

전쟁 이후 밥 한 끼 해결하는 것이 가장 큰 걱정이었던 시절부터 오늘의 경제대국으로 성장하기까지, 치열하게 경쟁하고 남을 보듬을 여유가 없었던 부모님 세대로부터 최근의 취업난과 N포세대로 불리는 젊은이들의 고민에 이르기까지, 단기간에 경제성장과 민주화를 동시에 이루는 과정에서 상대방을 믿고 배려하면서 함께 어우러지는 문화까지 정착시키기는 어려웠으리라.

자, 그렇다면 이제는 바꿔야한다는 생각이다.

예컨대 누군가 재판에서 무죄판결을 받았더라도 그 사람을 죄가 없다고 생각하는 것이 아니라, 다른 부정한 방법을 통해 무죄판결을 이끌어냈을 것이라고 생각하는 사회는 정상적으로 발전할 수 없다. OECD 평균(42%)에 크게 미치지 못하는 34%의 정부 신뢰도(OECD, 한눈에 보는 정부 2015 보고서)가 지속된다면 사회 전반적으로 갈등조정에 실패하여 사회적 비용이 증가할 것이다.

많은 경제전문가를 비롯한 국내외 연구기관은 90년대 초반까지 8~9%대를 유지했던 한국의 경제성장률이 현재의 3%대에서 2020~30년대에는 2%대로, 그 후에는 1%대로 하락할 것으로 전망하고 있다. 그리고 이러한 저성장을 일시적인 경기침체의 문제가 아닌 구조적이고 장기적인 요인 때문으로 판단한다.

경제성장을 위한 가장 보편적이고 확실한 방법은 연구 및 기술개발(R&D)에 대한 투자를 늘리고 국민의 교육수준과 역량을 높여서 기초체질을 강화하는 것이다. 그리고 R&D에 대한 높은 투자 비중과 세계 최고 수준의 고등교육 진학률을 가진 우리나라의 경우 이에 비례한다면 지금보다 훨씬 높은 경제성장률을 나타내야만 할 것이다.

그렇지만 우리와 유사한 소득수준을 가진 이스라엘, 슬로바키아와 비교해볼 때, 우리나라는 경제성장의 모든 투입요소(R&D 지출 비중, 고등교육 취학율, 국민소득대비 투자율 등)에서 우위에 있음에도 불구하고 실제 경제성장률은 이에 미치지 못하고 있다.

○ 소득 대비 투자율

 예를 들어 한국과 이스라엘, 슬로바키아를 비교할 수 있다. 이 세 나라는 1인당 소득수준이 비슷하면서도 2008년 이후 미국이나 서유럽의 재정 및 금융위기를 직접 경험하지 않았다는 점에서 공통적이다. 2013년 한국의 일 인당 GNI는 26,000 달러 정도이며 동년 이스라엘과 슬로바키아는 각각 34,000 달러, 17,000 달러가량이다. 그리고 2007년부터 2013년까지 한국의 연평균 경제성장률은 3.5%, 이스라엘은 4.2%, 슬로바키아는 3.1%였다. 즉 이 기간 동안 한국의 성장률은 이스라엘에 비해 0.7% 낮았으며 슬로바키아에 비해서는 0.4% 높았다.

 그런데 한국의 국민소득 대비 투자율은 2007년부터 2013년까지 33%를 상회한 데 비해 이스라엘과 슬로바키아는 각각 20%와 22%에 불과하였다. 고등교육 취학률은 이스라엘과 슬로바키아가 각각 66%와 55% 정도에 머무는 데 비해 한국은 100%를 넘어섰다. 국민소득대비 연구 투자비 지출 비중도 한국이 더 높았다. 즉 한국이 4.04%, 이스라엘이 3.97%, 슬로바키아는 0.68%였다. 이와 같이 한국은 경제성장의 모든 투입 요소에서 이스라엘 보다 앞서는 데 비해 경제성장률은 오히려 낮으며 슬로바키아에 비해서는 투입 요소가 압도적으로 높으나 경제성장률은 약간 높은 정도에 불과하다. 이는 신고전파 경제학으로써는 충분히 설명될 수 없는 결과이다.

* 출처 : 김병연, 2015

 이처럼 투자와 교육 수준이 높은 경제성장으로 이어지지 않는 이유가 무엇일까?

경제성장에 영향을 미치는 요인들은 개별적인 경제주체들의 능력뿐 아니라 그 능력들이 얼마나 잘 어우러지고 활용되는가 하는 것이다. 즉 아무리 한 개인의 능력이 뛰어나다고 하더라도 그 능력들이 서로 갈등을 빚고 조율되지 않는다면 제대로 된 시너지 효과를 내지 못하는 것이다. 그리고 우리의 최근까지의 교육 내용을 돌이켜보면 개인의 역량 강화에만 중점을 두어 왔을 뿐, 그 역량들이 조화롭게 어우러져서 시너지효과를 낼 수 있는 자질로 충만한 인재들을 양성하려는 노력은 매우 부족했다. 앞으로 우리 경제가 성장할수록 역량의 조율과 조화가 발전에 더욱 크게 영향을 미치게 된다는 점에서, 이는 참으로 심각한 문제가 아닐 수 없다.

그러므로 자라나는 미래세대에게 공존과 상생의 가치를 체화시킬 수 있는 교육 방법론과 콘텐츠를 개발하여 교육현장에 적용하는 일은 그 무엇보다 시급한 선결과제이다. 나아가 기성세대가 배려와 신뢰, 투명성을 솔선수범하는 것도 참으로 중요한 일이다. 아이들은 부모의 입이 아니라 등을 보고 따라가기 때문이다.

한편, 이러한 조율과 조화는 한 조직 내에서는 협업과 협동, 소통을 통해서, 경제적 거래에서는 시장을 통해서, 시장의 능력이 부족한 곳에서는 정부의 조정 등을 통해서 작용한다.

> ### ○ 신뢰 제고를 위한 정부의 역할
> 사회적 신뢰 제고를 위한 정부의 역할에 대해서 이병기 연구위원의 견해를 소개한다
>
> 신뢰를 사적 신뢰와 공적 신뢰로 나누어, 우리나라의 경우 잘 모르는 타인에 대한 '사적 신뢰'도 낮지만, 사회 내의 제도와 규범 그리고 공적기구에 대한 '공적 신뢰'도 낮다고 분석하면서, 주로 이 공적 신뢰의 제고를 위한 방안을 제시하였다.
>
> '고(高) 신뢰사회'를 만들기 위해서는 다음과 같은 4가지에 대한 지속적인 투자와 노력이 필요하다.
>
> 1. 과도한 규제는 비리와 부정의 원인이 된다는 이유에서 지속적인 규제개혁이 필요하고, 아울러 강력한 부패방지 제도의 강화가 필수적이다.
>
> 2. 공정하고 일관성 있는 법 집행과 적용으로 국민의 법치에 대한 신뢰를 회복해야 한다.

3. 재산권과 계약을 보장함으로써 자유시장 경제질서의 근간인 사적재산권을 보호하고 법을 어긴 사람이 불이익과 제재를 받도록 해야 한다.

4. 각종 전문가조직을 대변하는 협회 및 노조 등 이익단체의 보다 개방적인 자세와 과도한 이익추구에 대한 절제가 필요하다.

* 참고 : 이병기, 2010

한편, 국가라는 지배구조가 시장에 지나치게 개입하고 과잉으로 작동하는 상황도 신뢰사회에 역행하지만, 신자유주의적 시장 만능주의하에 조율되지 않고 보호받지 못하는 무한대의 경쟁만이 난무하는 '시장의 과잉' 역시 신뢰사회에 부정적 기능을 한다는 장덕진 교수의 주장도 경청할 만하다.

* 참고 : 장덕진, 2010

○ 정부의 적정한 개입

불신과 갈등이 깊을 때 정부는 적절한 수준의 개입을 해야 한다. 재선의 서울시장 경험을 돌이켜 보건데 시민들의 재산권과 밀접한 관련이 있는 재개발·재건축 민원이 많았는데, 그 원인의 대부분은 조합에 대한 불신 때문이었다. 이에 공공기관이 서로에 대한 불신을 해소하고 신뢰를 높이는데 도움을 주는 조정자의 역할을 수행해보고자 2010년도 7월에 '공공관리제도'를 도입해 나름의 성과를 이끌어냈다고 자평해본다. 아울러 도입한 지 6년이 지나고, 현재까지도 잘 활용되고 있는 것을 보면서 나름의 자부심도 느낀다.

> **○ 공공관리제도란?**
>
> 자치구청장이 공공 재개발·재건축 등 정비사업 과정에 참여하여, 공공관리자로서 조합 임원의 선출 및 시공사 선정 등 사업 각 단계에 개입해 사업 진행을 돕는 제도를 말한다. 재개발·재건축 등의 정비 사업계획 수립부터 완료까지 관할 구청장이 주민들을 대신해 추진위원회의 구성을 지원하고 이를 위한 정비업체를 선정하는 등 사업진행을 시·구 등의 자치단체가 맡아, 정비사업 기간의 단축 및 사업의 투명성을 높이고 주민 부담을 낮추자는 취지로 2010년 6월 「도시 및 주거환경정비법」 개정에 따라 도입되었다.

그리고 이 조율과 조화를 통한 조정 과정에서의 가장 중요한 전제는 소통과 신뢰, 투명성이 바탕이 되어야 한다는 것이다.

우리가 조금 비싼 가격을 지불하더라도 백화점과 같은 공간에서 거래를 하는 이유도 '그곳이라면 믿을 수 있다'는 신뢰 때문이다. 낵과 키퍼(Knack & Keefer, 1997)의 연구결과에 따르면 한 국가에서 신뢰도가 10% 증가하면 연평균 성장률이 0.8% 포인트 늘어난다고 추정한다. 이에 따르면 2010년 29%에 불과한 우리의 신뢰 수준이 30% 후반대인 일본정도의 수준으로 상승한다면 우리는 0.8% 더 성장할 수 있다. 신뢰와 사회규범의 수준이 높아질수록 기업 활동의 위험부담은 감소하고 활발한 기업 활동으로 이어지는 선순환의 구조가 생성되는 것이다.

> ### ○ 경제발전을 위한 다른 방법
> 일정 수준의 경제발전을 이루고 나면 반드시 사회통합을 위한 집중적인 노력을 경주해야만 다음 단계의 경제발전이 가능하다는 뜻이 된다. 이것은 생각해보면 당연한 일이기도 하다. 빈곤수준을 벗어나기에 급급한 경제발전의 첫 번째 물결은 국가와 같은 강력한 행위자의 일방적 선도에 의해 이루어질 수 있지만, 경제발전과 함께 권리의식이 높아지고 탈물질적 가치관을 가지게 된 사람들은 더 이상 일방적 선도에 따라 움직이지 않는다. 경제발전의 두 번째 물결이 가능하려면 '자발적 합의'가 필요한 것이고, 자발적 합의는 사회통합을 위한 노력을 경주하는 사회에서만 가능하기 때문이다.
>
> *참고 : 장덕진, 2010

신뢰는 자발성을 바탕으로 한다. 누가 시키거나 강요

한다고 해서 되는 것이 아니라 자신이 먼저 희생하지 않으면 불가능한 일을 가능하게 하는 것이 신뢰이다. 우리 사회가 이러한 '신뢰'라고 하는 사회 자본을 제고하기 위해서는 시장의 경쟁에서 뒤처진 사람들을 보호하려는 노력이 필요하다. 경쟁에서 뒤처졌음에도 불구하고 그동안 국가에 의해 배려받지 못한 사람들에 대한 관심과 도움이 시작될 때 비로소 그 사회적 약자들이 사회를 신뢰하기 시작할 것이다. 즉, 공존과 상생의 가치가 바탕이 되어야 사람들은 그 사회를 신뢰하게 되는 것이다.

3) 기회의 균등

우리 사회의 불평등이 '다중격차'적 단계에 진입했다는 연구결과가 있다.

한국사회의 불평등이 소득영역에서의 빈부격차를 넘어서 자산, 주거, 교육, 문화, 건강 등 다층적으로 맞물려

상호 간에 중첩적인 원인이 되면서, 거의 회복불가능한 단계에 이르렀다는 분석이다. 아직 학계에서 보편적으로 정립된 개념은 아니나, 젊은이들의 좌절과 분노를 분석하는 틀로서는 설득력 있어 보인다.

> **○ 교육 불평등과 격차**
>
> 교육 불평등은 원론적으로는 학생 개인의 지적 능력의 격차에서 발생하는 게 맞다. 2000년 헌법재판소 위헌 결정으로 과외 금지 조치가 풀리면서 교육 불평등은 소득 불평등과 밀착했다. 월평균 가구소득이 높을수록 사교육비 지출이 늘고, 사교육비 지출이 많을수록 높은 성적을 거두는 것이 통계적으로 확인됐다. 이는 또다시 수능 성적의 격차, 일자리의 격차, 임금소득의 불평등으로 이어진다. 2015년 3월 기준으로 고졸 학력 임금 근로자의 월평균 임금은 196만 원인데 비해 대졸자는 300만 원으로, 100만 원 넘게 차이가 난다. 소득·교육 격차는 부유층이 특정지역에 밀집해 거주하고 교육 인프라가 이 지역에 집중되면서 자산·주거 격차와도 연계된다.
>
> * 참고 : 전병유, 신진욱, 2016
>
> * 출처 : 경향신문 2016.7.14, 「소득 넘어 주거·교육 등 다층적 불평등…최대 피해자는 '청춘들'」

한마디로 '개천에서 용이 나는 것'이 불가능해졌다는

말이다.

 젊은이들이 '헬조선'을 외치는 근원적인 이유 중에 하나이기도 하다. 지금은 어렵지만 나도 노력하면 언젠가는 성공할 수 있다는 믿음이 있을 때, 지금의 고난과 역경을 이겨낼 에너지가 생긴다. "결핍과 고통은 오히려 축복이 될 수도 있다"라고 젊은이들에게 용기를 주려면 계층 사다리에 대한 접근이 용이해져서, 이른바 '사회적 유동성(Social Mobility)'이 지금보다 훨씬 높아야 한다.

 정부는 사회적 유동성이 높아지도록 체계적이고 정책적인 노력을 기울여야 한다. 이를 위해 '사회적 유동성 지표'라고 하는 것을 만들어 정기적으로 공표하자는 견해가 있다. 정부 내에 전담위원회를 만들어 각종 정책이나 제도가 사회적 유동성에 미치는 영향들을 면밀히 검토해 개선대책을 추진하자는 주장은 경청할 만하다. 현 추세가 지속될 경우 체제에 대한 신뢰가 없어져 근로의욕도 없어지고, 이에 터 잡은 포퓰리즘적 정책이 나올 가능성이 점점 더 커지게 될 것이라는 이유에서이다.

> **○ 사회적 유동성 지표를 정기적으로 공표해야**
>
> 우리나라도 과거에는 개천에서 용 나는 사회였다. 그 당시에는 대부분 가난하여 오늘날의 재벌과 같은 기득권층이 별로 없었다. 박정희 대통령, 김대중 대통령, 정주영 회장 등 대부분의 정계, 재계 인사들은 가난한 가정에서 태어나 본인의 노력으로 성공한 입지적인 인물이다. 그러나 그동안 경제 발전을 하면서 최근에는 각계각층에서 성공한 사람들이 기득권층을 형성하게 되었다. 재벌, 정치인, 의사, 변호사 등 나름대로 우리 사회에도 보이지 않는 계급 사회가 형성되기 시작하였다. 현재 우리나라 대기업의 CEO는 대부분 부모로부터 물려받은 2, 3세대이다. 삼성, 현대, SK, LG, 한화, 두산, 롯데 등 모두 물려받은 경우이다. 반면에 미국의 마이크로소프트(Microsoft), 구글(Google), 페이스북(Facebook), 아마존(Amazon)의 오너들은 모두 스스로 창업한 부자들이다.
>
> 사회적 유동성 증대는 중요한 국정 과제로 추진되어야 한다. 우리 사회는 차츰 계급사회가 되면서 사회적 유동성(Social Mobility), 즉 계층별 신분 상승이 과거에 비해 더 어려워지고 있다. 사람은 현재는 어렵더라도 미래에 희망이 있으면 참고 견디게 된다. 그러나 열심히 노력해도 잘 될 희망이 없다면 좌절하게 되고 나아가 사회체제를 불신하게 될 것이다. 제도개혁도 사회적 유동성이 저하되지 않도록 추진해야 한다.

- 중략 -

문제는 사회적 유동성의 중요성에 비해 사회적 관심은 크지 않다는 것이다. 그 이유 중의 하나는 사회적 유동성과 관련하여 경제성장률같이 국민적 관심을 끌, 신뢰할 만한 지표가 없기 때문이다. 예컨대 지난 5년간 사회적 유동성이 크게 떨어졌다는 지표가 발표되면 그 원인 분석과 대책에 대한 논의가 활발하게 이루어질 것이다.

사회적 유동성의 지속적 제고를 위해서는 사회적 유동성 지표를 개발하여 5년마다 공표하고 각종 제도 개혁 시 사회적 유동성에 미치는 영향 평가제도를 도입해야 한다.

* 출처 : 이투데이, 2015.12.22, 「(최종찬 칼럼)사회적 유동성 지표를 정기적으로 공표해야」(최종찬 - 국가경영전략연구원장, 前 건설교통부 장관)

4. 문화의 힘으로 새로운 도약을

○ 쓰레기 치우는 한국 응원단 사진에 칭찬 댓글 쇄도

(두바이=연합뉴스) 유현민 특파원 = 축구 경기가 끝난 뒤 쓰레기를 치우는 한국 응원단의 모습이 이란 언론에 포착돼 현지 누리꾼들에게 신선한 충격을 주고 있다.

이란 인터넷 신문 `타브낙'(tabnak)은 한국-이란의 월드컵 축구 A조 4차전 경기가 열린 다음 날인 17일(현지시간) 한 사진을 게재했다.

`아자디 경기장에서 한국 응원단의 흥미로운 행동'이라는 제목으로 올라온 이 사진에는 전날 경기가 끝난 뒤 텅 빈 관중석의 쓰레기를 치우는 한국인 네 명의 모습이 담겨 있었다.

타브낙 홈페이지(http://www.tabnak.ir/fa/news/279332)에서 볼 수 있는 이 사진 아래에는 한국의 선진 응원문화를 칭찬하는 댓글이 쇄도하고 있다.

한 익명의 누리꾼은 "이제야 우리 이란인들이 한국의 발전 이유를 이해할 수 있을 것"이라면서 "우리가 졌다면 경기장, 버스, 지하철의 의자들은 화풀이로 산산조각이 났을 것"이라고 말했다.

다른 익명의 누리꾼은 "위대한 페르시아 문명을 자랑하는 우리 이란인들이 한국인들로부터 배워야 한다"고 지적했고 "진정한 승자는 이란인이 아닌 한국인"이라고 꼬집은 누리꾼도 있었다.

'메흐디'라는 누리꾼은 "정말로 그들은 한국 드라마에 나오는 멋진 한국인과 같이 행동했다"고 칭찬했고 '호세인'이라는 누리꾼도 "진정한 승자는 한국인"이라면서 "그들은 경기 후 서로 격려하면서 이란 관중들에게도 인사했다"고 전했다.

심지어 "한국인들이 우리를 욕보이기 위해 이것(청소)을 사전 계획했을 것"이라면서 "다음 한국 원정 경기에서 한국인들에게 이러한 수치를 되갚아줘야 한다"고 주장하는 '하미드'라는 누리꾼도 있었다.

주이란 한국대사관은 전날 한국과 이란의 경기 관전을 위해 네 대의 대형버스를 마련, 현지 교민과 지상사 주재원 등 200여 명이 함께 단체로 응원을 벌였다.

* 출처 : 연합뉴스 2012.10.18, 「이란 누리꾼 "축구는 이겼지만 응원에선 졌다」

만약 축구에서 이기고 저급한 응원 문화를 선보여 세계인을 실망시켰다면, 축구에서 이기는 것이 과연 무슨 의미가 있을까?

 필자는 서두에서 가슴 아픈 우리의 자화상 '이타지수'의 현실을 보여주는 세계가치관조사를 언급했었다. 독자 여러분은 그 부분에서 큰 충격을 받았을 것이고, 혹자는 자존심에 상처를 입었을 것이다. 그러나, 다행스럽게도 우리에게는 무언가가 있다.

 국가가 외환위기에 처했을 때 금모으기 국민운동이 벌어지는 모습을 보며, 외국인들은 감탄을 넘어서 경악했었다.

 필자는 시장 직 사퇴 후 국내외를 수년간 드나들었다.

 그중 가장 기억에 남는 경험은 페루와 르완다에서의 1년이다.

 우리에 비하면 모든 것을 갖추었다고 할 정도로 축복받은 국토를 가진 페루!

농지와 목초지, 태평양 바다와 아마존의 밀림, 사막과 농지, 고원지대와 늪지대, 어족자원, 광물지하자원, 수자원, 농산물과 축산물, 석유와 멋진 경관 등 지구상의 자원은 빠짐없이 풍부하게 가지고 있는 한반도 6배 크기의 나라, 페루! 그러나, 1인당 GDP 5,500달러!

이에 비하면 저주받았다고 할 정도로 아무 것도 없는 나라 르완다!

아프리카의 많은 나라들이 광물자원에서만은 축복을 받았지만, 그마저도 없는 경상남북도 크기의 약소국. 위에 열거한 자원은 아무것도 없는 내륙 국가이고 인구자원조차 1000만 정도인 1인당 GDP 732달러의 빈국! 그러나, 훌륭한 리더십과 팔로우십 덕분에 아프리카에서 가장 기업하기 좋은 나라로 분류되기 시작한 기적의 나라!

이 두 나라를 6개월씩 깊이 들여다보며 뼈저리게 느꼈던 것은 나라를 부자로 만들어주는 것은 결국 국민의 마음가짐과 문화라는 사실이었다.

그들은 우리에게 절실하게 묻는다.

무엇이 오늘날 부럽고 배우고 싶은 경제발전의 상징인 'KOREA'를 만들어 주었느냐고...

개발도상의 이 두 나라에서 거의 매일 골똘히 생각했던 것은 바로 그 비결이었다.

무엇일까?

바로 '문화의 힘'이다!

여기에서의 문화는 '문화 예술'영역에서의 문화보다 넓은 의미인 가치관, 태도, 신념, 사고방식, 마음가짐 등 그 사회가 가꾸어 왔고 추구해 나가는 정신세계의 주류적 흐름을 이르는 개념이다.

따라서 당연히 역사성을 바탕으로 끊임없이 진화해 가는 특성이 있고, 비물질적이지만 물질에 의해 영향을 받으면서 다시 물적 발전에 영향을 미치는 기능을 한다. 그리고 다른 문화의 영향을 받지만, 다시 다른 문화에 영향을 미치는 상호작용을 끊임없이 하며 진화한다.

그렇다면, 오늘날 이 위대한 대한민국을 있게 한 문화적 특질은 무엇일까?

한국에 관심이 많은 한 외국학자의 시각을 빌리자면, "한국인들은 검약, 투자, 근면, 교육, 조직, 기강, 극기정신 등을 하나의 가치로 생각한다."

> ○ **"문화는 정말 중요하다"**
> - 새뮤얼 헌팅턴 교수가 경제발전에서의 문화의 결정적 역할에 대해 역설한 책으로 한국과 가나의 차이를 이렇게 비교·설명하는 것으로 책의 문을 연다.
>
> 1990년대 초 나는 가나와 한국의 1960년대 초반 경제 자료들을 검토하게 되었는데, 1960년대 당시 두 나라의 경제 상황이 아주 비슷했다는 사실을 발견하고는 깜짝 놀랐다. 무엇보다 양국의 1인당 국민총생산(GNP) 수준이 아주 비슷했으며 1차 제품(농산품), 2차 제품(공산품), 서비스의 분포도 비슷했다. 특히 농산품의 경제 점유율이 아주 유사했다. 당시 한국은 완제품으로 생산하는 2차 제품이 별로 없었다. 게다가 양국은 상당한 경제 원조를 받고 있었다.
>
> 30년 뒤 한국은 세계 14위의 경제규모를 가진 산업 강국으로 발전했다. 유수한 다국적 기업을 거느리고 자동차, 전자 장비, 고도로 기술 집약적인 2차 제품 등을 수출하는 나라로 부상했다.

국민총생산은 5천억 달러에 육박했다. 더욱이 한국은 민주제도를 착실히 실천하며 다져나가고 있는 중이다.

반면 가나에서는 이런 비약적인 발전이 이루어지지 않았다. 가나의 1인당 국민총생산은 한국의 15분의 1 수준이다. 이런 엄청난 차이를 어떻게 설명할 수 있을까. 물론 여러 가지 요인이 작용했겠지만, 내가 볼 때 '문화'가 결정적인 요인이라고 생각한다. 한국인들은 검약, 근면, 교육, 조직, 기강, 극기정신 등을 하나의 가치로 생각한다. 가나 국민들은 다른 가치관을 갖고 있다. 그러니 간단히 말해서 문화가 결정적으로 중요하다고 생각한다.

다른 학자들도 1990년대 초에 동일한 결론에 도달했다. 이러한 학문적 발달은 사회과학자들 사이에서 문화에 대한 관심이 새롭게 높아졌기 때문이다.

* 출처 : 새뮤얼 헌팅턴(Samuel Huntington), 2015.

○ **문화와 경제의 상관관계에 대한 세계 석학들의 발언들**

- "문화가 성취를 결정한다"
  - 대니얼 패트릭 모이니한(Daniel Patrick Moynihan, 1927-2003)
  - 미국의 저명한 사회학자이자 4선 상원의원 출신

- "시장경제는 결국 문화다"
  - 앨런 그린스펀(Allan Greenspan, 1926-)
  - 미국의 경제학자이자 관료

- "문화와 경제는 한쌍이다"

- 로널드 잉글하트(Ronald Inglehart, 1934-)
- 미시간대학 정치사회학 교수

· "문화가 번영을 결정한다"
- 마이클 페어뱅크스(Michael Fairbanks)
- 하버드대 국제문제연구소

· "왜 누구는 부유하고 누구는 가난한가? 문화가 결정적 차이를 만들어 낸다"
- 데이비드 랑드(David Randes, 1924-2013)
- 하버드대 경제사 명예교수

· "문화 속에 답이 있다"
- 마리아노 그론도나(Mariano Grondona 1932-)
- 아르헨티나 부에노스 아이레스 국립대 교수

한중일 역사와 문화를 천착해온 임마누엘 페스트라이쉬 교수는 '한국인만 모르는 다른 대한민국'에서 다음과 같은 키워드로 문화적 특성과 한국인의 현재 사고의 틀을 묘사한다.

코리아 디스카운트와 새우 콤플렉스, 풍부한 문화적 전통, 선비정신과 홍익인간, 한국 역사속의 민주적 전통, 예학과 주자학 전통의 뿌리 깊은 지혜, 지적 전통과 역사속의 선진적 시스템, 학구열과 학자 존중 전통, 과거와 현재 한국의 문화적 간극과 자기 부정, 코리아 프리미엄의 가능성 등이다.

요약하자면, 오늘날의 대한민국의 성취는 우연히 이루어진 것이 아니라 우리의 역사로부터 비롯된 풍요로운 문화자본을 바탕으로 만들어진 역사적 필연인데, 서구화와 산업화를 거치며 우리의 바람직한 정체성의 의미를 저평가하게 되었고 스스로 가꾸어온 발전의 필요하고도 충분한 조건들을 간과하는 등 자부심을 잃은 행태를 보이고 있다. 이제 다음 단계 발전을 위해서라도, 나아가 국제사회가 한국에 요구하는 수준의 국제기여를 위해서라도 잃어버린 국민적 자부심을 되찾아 재도약의 전기를 마련하고 코리안 드림의 모델을 개도국에 보여주어야 할 책무가 있다. 이것이 21세기 르네상스를 꽃피울 한국의 비전이다.

이 책을 접하면 두 번 반성하게 된다.

우리 스스로를 폄하해 온 점이 가슴 아프고, 이런 깨달음조차 스스로 얻지 못하고 외국인의 눈에 비쳐진 모습에서 비로소 깨우치게 됨에 또 한번 부끄러워지는 것이다.

필자는 식민지의 역사를 가진 남미와 아프리카의 두 나라를 경험하며, 식민지 종주국의 이점이 예상외로 강력하고 지속적임을 피부로 느꼈다. 두 나라를 지배했던 스페인과 벨기에와의 산업적 연계와 정신문화적 의존성을 목도할 때마다 전율을 느꼈던 것이다.

우리는 2050클럽(인구 5,000만 이상 나라 중에 1인당 국민소득 2만 달러 이상의 나라들)에 7번째로 안착했는데, 우리보다 앞서 이 수준에 오른 미국·영국·프랑스·독일·일본·이탈리아 6개국 모두 식민지를 경영하며 엄청난 경제적 이득을 취했던 나라들임에 비추어 우리는 그런 역사 없이 얼마나 위대한 성취를 이루어 냈는지 알 수 있었다. 참으로 자부심을 가져도 좋을 가장 대표적인 이유이며, 개도국들에게 왜 우리가 코리안 드림의 모델국가가 될 수 있는지 웅변으로 보여주는 대목이다.

그렇다면, 우리의 역사 문화 자본 중에 경제발전의 바탕이 될 요소들만 있었을까?

'공존과 상생'의 자취를 찾기는 더욱 어렵지 않다.

우리의 공생 DNA를 확인하자면 필자의 유년시절의 단편적 기억만으로도 충분하다.

필자 역시 그 시대 평범한 가정처럼 끼니를 해결하기 힘든 유년시절을 보냈다. 우리 할머니는 교육을 많이 받지 못하신 그 시대의 전형적인 가정주부셨는데, 구걸로 연명하는 허름한 옷차림의 아저씨를 집에 들여 소찬을 차려 먹여 보내던 모습이 지금도 선명한 기억으로 남아있다. 어린 마음에 할머니의 그런 모습을 보며 어려운 사람이 찾아와 도움을 청하면 당연히 그래야 하는 것으로 생각했던 어린 시절이 떠오른다. 이것은 비단 필자만의 경험이 아닐 것이다. 모두가 배를 주리고 어려웠던 60년대까지만 해도 먹다 남은 밥이 있으면 이웃과 나누어 먹는다는 것이 그다지 특별한 일이 아니었다.

김장김치를 담아도 이웃과 함께 품앗이를 해서 나누었기에 옆집에서 밥을 먹어도 김치맛은 같았고, 옆집의 애경사가 곧 우리 집의 애경사였다. 옆집 아저씨를 보고도 인사가 어색한 아파트 문화에 젖은 요즈음엔 상상하기조차 힘든 일이 되었지만, 당시는 모두 그렇게 살았다.

사회심리학자들은 한국인의 심리적 특징 중에 가족 확장성과 집단주의적인 면모에 주목한다(허태균 교수의 '어쩌다 한국인' 참조). 산업화 이후 현대 한국사회에도, 형님 아우라는 호칭문화도 그렇지만 식당에서 흔히 쓰는 '이모'라는 명칭으로 상징되는 가족주의적 시각이 엄연히 존재하여 서구와 확연히 구분된다. 이에 더해 개인의 자유와 권리보다는 집단 내에서의 조화를 중시하고 집단을 위한 의무와 희생이 강조되는 집단주의적 특성 역시 아직 건재하다. 이러한 우리의 현재 모습은 분명 역사성을 가지고 있는 우리 정신문화자산의 한 단면이다.

그런가 하면 사회지도층도 역시 남다른 면모를 보여왔다.

3대 가기 어렵다는 부가 300년을 지속했다는 경주 최부잣집의 가훈 '만석 이상은 하지 말고 좋은 일에 써라, 흉년기에는 전답을 늘리지 말라, 사방 백 리 안에 굶는 자가 없게 하라, 과객을 소홀히 대하지 말라'는 말을 곱씹으면 씹을수록 우리 정서에 맞추어 부를 대물림하기 위한 지혜의 정수를 깨달음과 동시에 '노블레스 오블리주'가 유럽귀족의 전유물만은 아닌 사실을 확인할 수 있다. 또, 세종과 정조의 치세 등 조선왕조에서 애민의 마음가짐이 드러나는 행적을 접하면 전 세계 어느 왕조에서도 찾을 수 없는 '배려'의 기운을 느낄 수 있다.

세종의 한글창제 동기와 노비에게 출산휴가를 준 결정, 정조가 백성의 어려움을 가슴 아파하고 공물로 바치던 제주의 전복을 영구 면제하여 고생시키지 말 것을 지시하는 장면 등 정조 실록과 홍재전서 곳곳에 나타나는 깊은 배려와 공감의 언행을 보면 뜨거운 애민정신이 우리 왕조사에 면면히 흘러왔음을 확인할 수 있다.

우리에게는 분명 무언가가 있다.

그것이 지난 수십 년간의 압축 성장과정 즉, 격동의 산업화 기간 동안 잠시 뒤로 밀려 있었을 뿐이다. 없는 것을 새로 만들어 내자는 이야기가 아니다. 다시 되살려 내기만 하면 되는 것이다.

○ 무가보주 이야기

「한국인만 모르는 다른 대한민국」의 저자 임마누엘 페스트라이쉬 교수는 「법화경(法華經)」에 나오는 '無價寶珠(무가보주)' 이야기를 하는데 매우 인상 깊어 여기 옮겨본다.

'무가보주'이야기의 주인공은 한 친구로부터 보석을 선물 받는다. 그러나 그 친구는 주인공이 잠을 자는 사이에 그의 옷 안쪽에 바느질을 해서 보석을 잘 감춰놓았다. 다음 날 아침 일찍 길

> 을 떠나는 바람에 친구에게 보석을 옷 안쪽에 넣어둔 사실을 전달하지 못했다. 그 후 그는 매우 가난하게 살았는데 그의 옷 안쪽에 엄청난 가치를 지닌 보석이 들어 있다는 것을 몰랐다. 그러다가 한참 세월이 흐르고 다시 그 친구를 만난 뒤에야 자신이 항상 보석을 품에 지니고 있었다는 사실을 알게 됐다.
>
> * 출처 : 엠마누엘 페스트라이쉬, 2013

이것이 바로 다음 리더쉽이 해내야 할 몫이요 비전이다.

아무리 값진 보물을 가지고 있어도 이를 꺼내 쓰지 않으면 없는 것과 마찬가지 아닐까?

마지막으로 백범 김구 선생의 '나의 소원'을 떠올린다.

이제 우리는 더 이상 '성장에 눈먼 나라'가 아니라, 공존과 상생의 마음으로 가득 찬 코리안 드림의 나라 '공생의 문화대국'으로 나아가야 한다.

> **○ 나의 소원 - 백범 김구**
> 나는 우리나라가 세계에서 가장 아름다운 나라가 되기를 원한다.
> 가장 부강한 나라가 되기를 원하는 것은 아니다.
> 내가 남의 침략에 가슴이 아팠으니,

내 나라가 남을 침략하는 것을 원치 아니한다.
우리의 부력(富力)은 우리의 생활을 풍족히 할 만하고,
우리의 강력(强力)은 남의 침략을 막을 만하면 족하다.

오직 한없이 가지고 싶은 것은 높은 문화의 힘이다.
문화의 힘은 우리 자신을 행복하게 하고
나아가서 남에게 행복을 주겠기 때문이다.

...중략...

나는 우리나라가 남의 것을 모방하는 나라가 되지 말고
이러한 높고 새로운 문화의 근원이 되고, 목표가 되고,
모범이 되기를 원한다.

...중략...

홍익인간(弘益人間)이라는 우리의 국조(國祖) 단군(檀君)의
이상이 이것이라고 믿는다.
또, 우리 민족의 재주와 정신과 과거의 단련이
이 사명을 달성하기에 넉넉하고
우리 국토의 위치와 기타 지리적 요건이 그러하며
또 1차, 2차 세계 대전을 치룬 인류의 요구가 그러하며,
이러한 시대에 새로 나라를 고쳐 세우는,
우리가 서 있는 시기가 그러하다고 믿는다.
우리 민족이 주연 배우로 세계무대에 등장할 날이
눈앞에 보이지 아니하는가.

놀랍지 아니한가?

백범 선생께서는 오늘날 대한민국의 위상을 미리 예

상이라도 하신 듯 무려 70년 전에 문화대국을 말씀하셨다.

그분 마음속에서는 이미 '부강한 나라' 정도가 목표가 아니었다.

'아름다운 나라', 그것도 '세상에서 가장 아름다운 나라'가 되기를 간절히 바라셨다.

오직 한없이 가지고 싶은 것은 높은 '문화의 힘'이었다.

참으로 기가 막힌 혜안이 아닌가!

더 놀라운 것은 '모방'하는 나라가 되지 말고 문화의 '근원'이 되고 '목표'가 되고, 드디어는 '모범'이 되기를 원하셨다.

우리는 지난 수십 년간 추격자 전략을 펴면서 여기까지 왔다.

이른바 '빨리빨리'정신으로 무장한 빠른 추격자(fast follower)의 모방 전략을 성공적으로 구사하여 순식간에 선진국을 따라잡을 수 있었다. 이제 우리 앞에 몇 나라 남지 않았다.

 그래서 우리는 최근 선도자(first mover)전략의 필요성을 강조하기 시작했다. 더 이상 모방과 추격만으로는 선두자리로 치고 올라갈 수 없다는 진리를 깨닫기 시작한 것이다.

 돌이켜 보면, 지난 십여 년간 우리를 선두에 서게 했던 철강, 자동차, 석유화학, 반도체, 조선과 해양 산업 등이 모두 거의 세계 1,2위를 다투는 종목이었다. 이 산업군이 한계치에 다다르자 이른바 저성장이 시작되었다. 세계적인 경기불황과 맞물려 이른바 '뉴 노멀(new normal)'이라고 불리는 세계 공통의 저성장, 저소비, 저고용의 새로운 표준의 시기로 돌입한 것이다.

 우리는 우리 국민이, 우리 정부가, 혹은 우리 기업이 무엇인가 큰 잘못을 하여 1인당 국민소득 3만 달러 대에 진입하지 못하는 저성장에 머물러 있는 것으로 자책을 하지만, 이는 잘못된 진단이라고 주장하고 싶다.

세계 어느 나라가 10% 가까운 성장을 30년, 40년간 계속한 전례가 있는가? 우리는 그동안 충분히 빨랐고, 충분히 잘해왔다.

이제 우리의 앞에서 뛰는 자가 거의 사라졌다.

앞서가던 자가 만들어 놓은 탄탄대로는 이제 사라지고 없다. 그리하여 우리가 길을 내고 개척하여 한걸음 한걸음 힘겹게 나아가야 할 처지가 되었다. 그런데도 계속 같은 속도로 뛰지 못한다고 자책하면서 서로 손가락질하는 것은 자해행위나 다름없다.

낭떠러지에서 떨어지기도 하고 웅덩이에도 빠져보고 독사에게 물려도 보아야 비로소 일보 전진하며 한 뼘의 길을 개척할 수 있는 정글의 최전선에 섰으니, 우리는 진정한 퍼스트 무버인 셈이다.

반성할 점이 있다면 우리가 스스로 퍼스트 무버, 즉 선도자임을 아직 깨닫지 못하고 있다는 것이다. 이를 간과하고 계속 모방할 선도자를 찾아 두리번거리는 우리의 모습을 볼 때마다 인식의 지체현상에 빠져있음을 뼈아프게 깨닫게 된다.

자, 이 고독하고 힘에 겨운 퍼스트 무버에게 길잡이가 되어줄 나침반은 과연 무엇일까?

바로 '문화의 힘'이고, 우리의 위대한 성취에 대한 '자부심'이다.

이제 이를 바탕으로 새로운 도전을 시작해야 한다.

모두 함께 어우러져서 함께 나아가야 비로소 앞으로 나아갈 수 있는 퍼스트 무버의 세계에서 '공존과 상생의 가치'는 2단 추진 로켓의 2차 추진제 역할을 톡톡히 수행해 줄 것이다.

세계에서 가장 아름다운 나라가 저 앞에서 우리에게 손짓하고 있다.

왜 지금
공 생 인가?
  존과 상

맺음말

성장에서 성숙으로, 수치에서 가치로

 저는 최근 짧지 않은 기간 동안 공간적으로 조금 떨어져서 우리 사회가 한 단계 성숙해지기 위해 진통을 겪는 모습을 지켜보며 가슴앓이를 할 수밖에 없었습니다. 원래 외국에 나가서 조국을 바라보면 기쁨도, 슬픔과 안타까움도 모두 더 크게 다가오는 법인가 봅니다. 남미에서 또 아프리카에서 대한민국을 바라보며 조금은 객관적이 되려고 노력했습니다.

 우리는 뒤처진 나라를 도우라는 국제적 요구에 직면할 만큼 덩치가 큰 나라를 힘들게 일구었습니다. 그러나 아직도 갈 길은 멀기만 합니다. 마치 덩치만 커졌지 마음은 아직 미성숙 상태인 사춘기 아이처럼, 대한민국은 지금 '가치를 중시하는 사회'로 가기 위한 오랜 여정을 앞두고 있습니다. 당분간 성장통이 계속되겠지요. 이른바 선진국에 다가갈수록 더 자주 역설적 상황에 직면하게 될 것입니다. 미국의 밥 무어헤드 목사의 글 「우리 시대의 역설」에서처럼 말입니다.

건물은 더 높아지지만 인격은 더 작아지고
소비는 더 많아지지만 더 가난해지고
집은 커지지만 가족은 더 작아지고
지식은 늘어나지만 판단력은 더 부족하고
전문가들은 늘어나지만 문제는 더 많아지고
가진 것은 몇 배가 되지만 가치는 더 줄어들고
여가는 늘어나도 마음의 평화는 줄어드는 슬픈 현상은
우리를 끊임없이 당혹스럽게 만들 것입니다.

그러나 이 또한 모두 지나가고 지금까지 그래 왔던 것처럼 우리는 해낼 것입니다. 후발 개도국들이 닮기 원하는 고속 성장이 물질에서뿐 아니라 정신과 가치 면에서도 성취될 것입니다. 품격 높은 성장으로 다른 나라의 존경을 받는 단계에까지 이를 것입니다. 아니 그렇게 만들어야 합니다.

마음이 풍요로워지고 정신이 더 고양되어, 버는 것보다 베푸는 것에서 기쁨을 느끼는 비움의 사회가 되기를 진심으로 바랍니다. 가진 사람, 높은 사람이 가지지 못한 사람, 평범한 사람의 입장이 되어 서로 공존하는 사회가 되기를 희망합니다.

더 많이 웃고, 더 많이 용서하고, 더 많이 사랑하고, 더 많이 행복한 나라가 되기를 절실히 바랍니다. 증오의 언어가 사라지고, 이해와 배려의 언어가 우리 사회를 따뜻하게 데우기를 바랍니다.

입막음과 귀 막음이 사라지고, 눈빛만 보아도 알 수 있는 이심전심과 무언의 대화가 가능한 사회가 되었으면 좋겠습니다. 각자가 가진 최상의 것을 세상과 나누는 살 만한 세상을 만들어 가면 정말 좋겠습니다.

많은 국민이 춤을 즐기고, 가족과의 시간을 즐기며, 밤하늘의 별을 자주 바라볼 수 있었으면 좋겠습니다. 더 자주 새소리에 귀 기울이고 꽃향기를 맡을 수 있기를 바랍니다. 그리고 언제나 고요하게 깨어있는 그런 나라가 되면 좋겠습니다.

이 글들이 대한민국이 국제사회로부터 존경받는 품격 있는 나라, 성숙한 선진국으로 가기 위한 긴 여정에서 우리가 해야 할 일이 무엇인지 생각할 수 있는 조그마한 계기가 된다면 더할 나위 없이 기쁘겠습니다.

참고한 자료

국가브랜드위원회·KOTRA·산업정책연구원, 2011, 문화한류를 통한 전략적 국가브랜드 맵 작성 연구

김낙년, 2012, 한국의 소득 불평등, 1963-2010 : 근로소득을 중심으로

김낙년, 2015, 한국의 부의 불평등, 2000-2013 ; 상속세 자료에 의한 접근

김미라, 2009, 이노베이터 오세훈의 조용한 혁명, 에버리치 홀딩스

김병연, 2015, 한국경제의 위기 : 경제체제론의 시각에서

레가툼연구소, 2015 레가툼 세계 번영지수, 영국 레가툼연구소

새뮤얼 헌팅턴(Samuel Huntington), 2015, 문화가 중요하다(Culture matters : how values shape human progress), 책과 함께

세계경제포럼(WEF), 2016, 국가 경쟁력 평가, 전경련

세계경제포럼(WEF), 2015, 세계 성 격차보고서, 전경련

엠마누엘 페스트라이쉬, 2013, 한국인만 모르는 다른 대한민국, 21세기 북스

오세훈, 2015, 길을 떠나 다시 배우다(르완다 편), 알에이치코리아

오세훈, 2010, 서울 불가능이 없는 도시다, 21세기 북스

이병기, 2010, 사회적 자본도 경제성장에 중요한 요소

이성규, 2010, 서울, 복지에 미치다, 21세기 북스

이코노미스트 인텔리전스 유닛(EIU), 2015, 민주주의 지수

임성은, 2011, 서울 행정학, 오세훈 시장 5년 정책을 말한다, 신라미디어

장덕진, 2010, 국가와 시장이 절제를 배울 때 신뢰가 회복된다

통계청·여성가족부, 2016 청소년 통계

한국고용정보원, 2016, 중장기 인력수급전망(2014~2024)

한국무역연구원, 2015, 세계 속의 대한민국

허태균, 2015, 어쩌다 한국인, 중앙북스

현대경제연구원, 2016, 영미와 비교한 한국 나눔 문화의 7대 특징 및 시사점

OECD, 2015, 1인당 평균 실제 연간 노동 시간

OECD, 건강 통계 2015(Health Data 2015)

경향신문, 2016.6.5, 「환경·주거·공동체 'OECD최악'...2016 '더 나은 삶의 지수'」

경향신문 2016.7.14, 「소득 넘어 주거·교육 등 다층적 불평등…최대 피해자는 '청춘들'」

동아일보, 2015.12.26, 「공익재단에 215억 기부했더니 140억 세금」

세계일보, 2015.12.8, 「작년 지니계수 악화…빈부격차 커졌다」

문화일보, 2016.9.7, 「"한국 시스템, 가족경영 씨 말리고 있다"」

미래한국, 2016.8.3, 「한국 노조는 슈퍼 울트라 甲(갑)」

연합뉴스, 2012.10.18, 「이란 누리꾼 "축구는 이겼지만 응원에선 졌다"」

연합뉴스, 2016.6.5, 「OECD '2016년 더 나은 삶 지수'」

연합뉴스, 2016.7.6, 「금융자산 10억이상 부자 21.1만명…1년새 15.9% 늘어」

연합뉴스, 2016.9.4, 「한국 상위 10% 소득집중도 미국 다음...증가폭은 최고」

이투데이, 2015.12.22, 「〔최종찬 칼럼사회적 유동성 지표를 정기적으로 공표해야」

조선일보, 2016.8.24, 「"청년들이여 주저 없이 나가라...10년 뒤 금의환향한다"」

조선일보, 2016.6.8, 「기부공익법인 '5%룰'...20대 국회, 세제혜택 늘리고 '의결권 제한 강화'?」

조선일보, 2016.8.11, 「'취업수당' 받다가 '청년수당' 갈아타기 속출」

미국 갤럽 '긍정경험지수' 관련 사이트

왜 지금 공존과 상생인가?

초판 1쇄 발행	2016년 09월 12일
초판 1쇄 인쇄	2016년 09월 12일
등록일	2014년 10월 20일
지은이	오세훈
펴낸이	이돈환
펴낸곳	씨앤북스
주 소	경기도 파주시 회동길 37-39(문발동)
전 화	02) 888-3888(서울) 031) 955-2111(파주북시티)
팩 스	02) 873-7111
도서공급 및 주문전화	02) 736-0640(경제서적)
가 격	7,000원

ⓒ씨앤북스, 2016

ISBN 979-11-954372-3-8

* 이 책은 '씨앤북스'가 저작권자와 계약에 따라 발행한 것이므로
  본사의 서면 허락 없이는 어떠한 형태나 수단으로도 이 책의 내용을 이용하지 못합니다.
* 잘못된 책은 구입하신 서점에서 바꾸어 드립니다.
* 저작권자와 맺은 특약에 따라 검인을 생략합니다.

씨앤북스는 말과창조사와 자매 출판사입니다. 여러분을 위한 참된 지식을 위해 더욱 노력하겠습니다.